会計士

転職

考えたら読

株

S

中央経済社

は じ め に

会計士のキャリアは独特で，相談相手がいない

この本を手にとったあなたはこんな悩みを持っていないでしょうか。

- いまの会社／監査法人にこのまま居続けてよいのか，将来が漠然と不安だ
- もっとやりがいの感じられるような働き方がしたい
- もっと自分に合った仕事があるような気がする（監査業務以外で働いてみたい）

同じ悩みを持つ会計士はたくさんいます。しかし，それを解決しようにも相談できる場所はあまりありません。監査法人内でそういった話を深くはしませんし，ご家族は会計士のキャリアについてご存じないことがほとんどでしょう。

本書は，会計士共通のこの悩みを解消したいと思い執筆したものです。

自分に合った働き方を見つけるために

自分に合った働き方を見つけるのに必要なのは，まずは**自己分析**だと考えています。自己分析といわれると，就活生のもののような印象を持つかもしれません。しかし，会計士の多くは，一般的な就職活動をした経験がなく，自己分析をしたことがないのです。

私自身，会計士として大手監査法人から事業会社への転職活動をするにあたり，初めて自己分析をしました。そして，その重要性に気がつきました。

転職先の事業会社においては，採用担当者として求職者の面接をし，自

己分析ができている人とそうでない人の差を実感しました。

　この経験を活かし，**キャリアコンサルシート**という自己分析シートを開発しました。そして，10年間にわたって会計士専門の転職エージェントとして活動する中で，約1,000名の会計士に実践してもらってきました。本書では，このシートと回答例を紹介しています。ぜひ，試していただければと思います。

　私が本書の執筆をしている現在，新型コロナウイルス感染症（COVID-19）によって先行き不透明かつ不安定な経済状況にあります。その影響を受けて，転職市況も徐々に求職者にとって不利な状況に変わりつつあります。

　しかし，転職市況が良かろうが悪かろうが本質的なところは何ら変わりません。自分自身のことをしっかり理解して，年相応に経験や能力を積み，そのことを採用企業側に適切に伝えることが重要です。

　本書がその一助となれば，これに勝る喜びはありません。

2021年初夏

桑本　慎一郎

もくじ

第1章

会計士がキャリアを考えるべき理由

01 会計士のキャリアの幅は広い

1,000人以上の会計士の転職をサポートしてわかったこと

　監査法人から事業会社へ初めての転職活動をしたときに，私は，**会計士がキャリア形成に関して情報弱者である**ことに気がつきました。自分と同じようなバックグラウンドの会計士がどのように転職や独立をしているのか情報がほとんどなかったのです。そこで，会計士専門の転職エージェント㈱ピー・シー・ピー（以下，PCP）を2011年9月に設立しました。

　PCPは，会計士が適材適所で活躍するためのインフラを構築して社会に貢献することを目的として運営しています。主に口コミのみで年間150〜200人の会計士に転職エージェントとして関わっています。

　また，㈱CPAコンパスを設立し，2018年7月，会計士専門のキャリア情報サイトである「会計士の履歴書」（https://kaikeishinorirekisho.com/）をリリースしました。ここでは，多様な会計士のキャリアを掲載しています。このサイトは，当時の私のように情報がなくて困っている会計士を減らしたいという思いで制作しました。制作にあたっては，250人以上の会計士にインタビューしました。

　このインタビューやこれまでの転職サポートを通じて実感したのは**会計士にはキャリア形成の意識が不可欠**ということです。

　満足度の高いキャリアを歩んでいる会計士には，バラバラの職歴に見えて，その人なりの信念や軸があるということがわかりました。一方で，自分は会計士としてどのように社会に貢献していきたいのか，どのような生活を送っていきたいのか。そういったことを自問自答し，キャリアについて深く考えられていない人が多いこともわかってきました。

「会計士＝監査・会計」ではない

　「公認会計士試験に合格したからバラ色の人生が待っている」というのは幻です。そもそも、「公認会計士」というのは単なる資格にすぎません。それをどう活かすかが重要です。会計士だからといって、**監査や会計だけにこだわる必要もなく、無数の選択肢があるのです。**

（　会計士の履歴書　）

　データベース機能があり、履歴書検索によって目的に合った会計士を見つけ出せるように設計しています。ポイントとして、大学と共同開発した会計士専門の「性格診断ツール」があり、会計士を32タイプに分類し、それぞれのタイプの統計データを公開しています。以下のQRコードからぜひアクセスしてみてください。

会計士の履歴書　　　　　　性格診断ツール

概ね現在の仕事には満足だが，将来が不安という調査結果

「会計士の履歴書」では毎年，アンケート調査を行っています。1,000人以上の会計士から回答を得て，その結果を「会計士白書」と題してレポートにまとめて公表しています（右は会計士白書　QRコード）。

会計士白書

会計士が現在の業務に満足している度合いに関する調査結果を見ると，仕事の満足度は高いようにも思えます。その要因は，年収が高いことにもよるでしょう。

ただ，会計士専門の転職エージェントをしていて感じるのは，概ね現在の仕事には満足だが，将来どうしていきたいかが不明確で何となく不安という方が多いことです。

これには，2つの要因があると考えられます。

- 会計士が選択できる道（キャリアの多様性）について知らないこと
- キャリアの多様性について知っていても，選択肢が多すぎるためにどのように選択していけばよいかがわからないこと

そこで私は相談に来る会計士に対して，これまで蓄積してきた求職者である会計士の統計データを参考にしながら，どういったキャリアの選択肢があるのかを情報共有します。そのうえで，ご本人がどういった人生を歩んでいきたいのかをヒアリングし，そのためにどう行動していくべきかを一緒に考えて，選択するための軸をアドバイスしていきます。すると，「目から鱗でした。自分の方向性が見えてきました」とスッキリされる方が多いです。本書では，その選択肢と選択するための軸についてご紹介していきたいと思います。

仕事の満足度

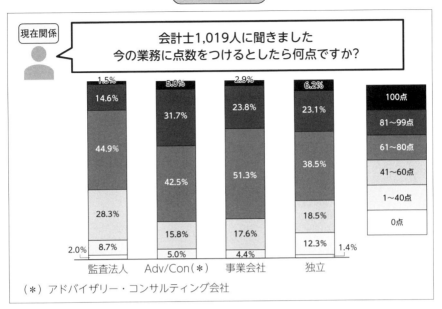

（＊）アドバイザリー・コンサルティング会社

会計士と将来不安

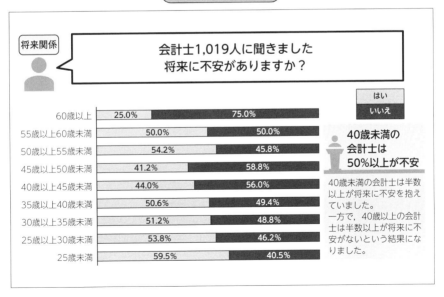

02 8割の会計士が転職または独立する

監査法人で培った力はどの業界でも生きる

あなたが会計士の道を選んだきっかけはどのようなものでしょうか。

親族が会計事務所をやっていて将来的に継ぐため，学校で先生にすすめられたため，手に職をつけたかったなど，人それぞれあります。

公認会計士試験合格後には監査法人に入社する方がほとんどです。ただ，監査法人にずっといる方は少なく，その後は会計事務所を開業したり，事業会社の経理・財務や内部監査などの部門や会計財務系のコンサル会社に転職したりと多岐にわたります。

大手監査法人に残る会計士は一握り

Big 4 と呼ばれる大手監査法人における所属会計士のパートナー社員比率（社員数／所属する公認会計士・試験合格者の総数）は，上位3大手（Deloitte，EY，KPMG）が約13％，PwCが約9％となっています（参照：2020年度における各法人の業務および財産の状況に関する説明書類）。つまり，**監査法人に残ってパートナーになれるのは一握りなのです**。このことは，キャリアを考える際，念頭に置いておく必要があります。

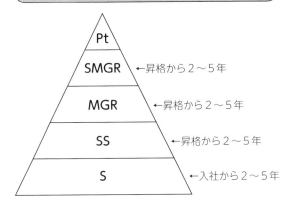

会計士白書によると，マネージャーになるまでに約8割が監査法人を退職している実態がわかります。

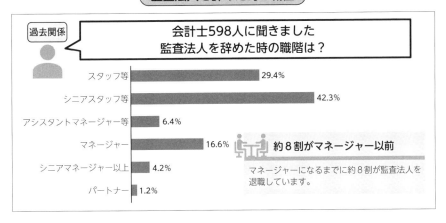

ちなみに，監査法人の数は5年連続で増加傾向です（令和2年版モニタリングレポートp.19：公認会計士・監査審査会）。規模を見てみると所属常勤公認会計士数が25人未満の法人が全体の9割を占めています。監査法人を立ち上げるケースもあるようです。

監査法人勤務年数

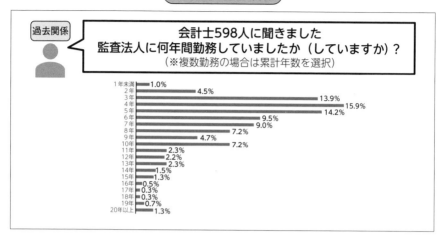

監査法人退職後のキャリア

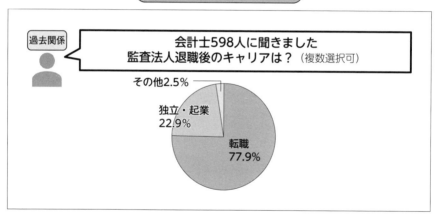

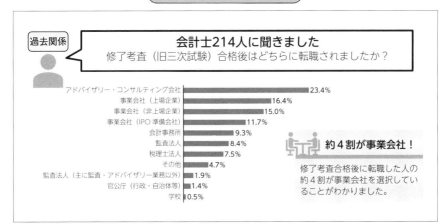

修了考査合格後の転職先

「現職に留まる」という選択肢もある

現職において仕事が辛くなったり，人間関係がうまくいかなかったりして悶々としていると隣の芝生は青く見えてきます。

いざ転職活動を始めてみると，さまざまな会社における魅力的な仕事内容，働き方などが見えてきて辞めようという気持ちが高まってくる人も多いです。ただ，現職と同等以上の給与を貰うには，それなりのセルフブランディングとレコードが必要です（詳しくは第2章）。また，人間関係をゼロから築いていくのも一苦労です。一時の感情に流されずに，「現職に留まる」という選択肢もあることを忘れないようにしましょう。

03 キャリアを考えない会計士に先はない

出世しないと残りづらいのが現実

　監査法人で働くことが嫌になってしまったとき，思うように昇進できないときに，監査法人以外に目を向けてみると，いずれもがやりがいに満ちて楽しい環境であるかのように見えます。しかし，それは**隣の芝生は青く見える**状態です。

　コンサルであれ事業会社であれ，基本的には監査法人と同じで**UP or OUT（出世 or 退職）**が原則です。特にコンサルはその傾向が強いです。

　それであれば，監査法人で出世し続けることを追い求めるのを止めて居座るというほうが環境がよいかもしれません。大手監査法人ともなると自分が関与したくないクライアントや一緒に働きたくない監査チームから外してもらうことも可能ですし，新しいことをする心理的な負担も少ないからです。監査法人は，限られたポジションを奪い合う厳しい世界です。ただ，それは別に監査法人に限った話ではないのです。

年齢の問題

　40歳になった時点で監査法人経験しかなければ，監査法人業界以外への転職はかなり難しいのが現実です。監査法人に10年以上いると年収1,000万円以上になる人は多いですが，年収を維持したまま転職しようとするとさらに難しくなります。

　事業会社やコンサルの未経験者に対して採用企業が年収1,000万円以上でオファーを出すケースは稀です。もちろん，**年収が下がることを受け入**

れ，転職先で活躍して数年後には1,000万円以上の年収になる人も多いのですが，それは個人の能力次第になってきます。

　監査法人の勤務期間が長くなればなるほどに抱える仕事の量と責任の重さは増してきます。そんな環境下において，あらためて自分自身のキャリアを見つめ直す時間は思いのほか少なく，そのまま年月が経過してしまうということもありますが，**危機意識**を持つべきでしょう。

AI技術の進歩で会計士の需要は減る？

　AI技術の進歩により，監査法人に所属する会計士の数は遠くない将来に大きく減るだろうと私は予測しています。そうなると，修了考査が終わる4年目以降からは社内競争が激化すると予想されます。監査法人は，マッキンゼーやBCG（ボストン・コンサルティング・グループ）のような戦略系コンサルティングファームと同じようになっていくかもしれません。

　1人当たりに支払われる年収も高くなりますが，環境変化に柔軟に適応できないと，クビにされかねません。

　監査法人の中にいる場合でも，**忙しさを言い訳にせず，常にキャリアを考えて戦略的に勉強をしていく必要があります**。

04 自己分析はキャリアを考える基礎

会計士が面接で聞かれるパターンを抽出

会計士は自分でキャリア形成していくことが必要です。キャリア形成の基礎として，自己分析があります。

会社の面接を受けていると，会計士が聞かれる**質問の本質は大体同じ**であることに気がつきます。そこで，質問のパターンを抽出し，まとめたのが，弊社がご相談に来られる求職者にご提供している**キャリアコンサルシート**（自己分析シート）の原型です。

会計士は，監査法人の入社の際の面接くらいで，いわゆる就職活動をしていないことが多いです。新卒の学生であれば，自己分析をしたうえで，履歴書を作成し，志望企業を考えます。会計士は，この自己分析の段階を経ていないことが多いのです。

今さら学生みたいな自己分析なんてと思われるかもしれませんが，弊社にご相談に来られた方で，自己分析をやった方とやらなかった方とでは**面接の通過率**は大幅に違います。

キャリアコンサルシートで自己分析と面接対策！

次頁のキャリアコンサルシートは，転職エージェントとして活動してきた結果をまとめたものです。これを想定して考えを練っておくことで，**転職の満足度**は大いに違います。

自己分析をしながら面接対策もあわせてできるので，ぜひやってみてください。実際に書き上げたら，できるだけ他の人に見てもらってフィード

バックをもらうようにしましょう。自分が発する何気ない言葉がネガティブに映ったり，自分が強みとは思っていなかったことが，客観的に見ると強い武器だったりすることがあるからです。

（ キャリアコンサルシート・質問項目 ）

① 自己紹介をお願いできますか？
② 事業会社において活かせる能力は何がありますか？
③ 過去の実績を教えていただけますか？
④ なぜ公認会計士を目指されたのですか？
⑤ なぜ監査法人に入られたのですか？
⑥ 転職の理由を教えていただけますか？
⑦ 事業会社を希望する理由は何ですか？ コンサルでない理由は何ですか？
⑧ これまでに経験したBreak through（成功体験，やりきったこと）は何がありますか？
⑨ 入社後にどのようなことをやってみたいですか？
⑩ 今後のキャリアプランや目標を教えていただけますか？
⑪ 仕事上の強みと弱みはどのようなものがありますか？
⑫ あなたは他人からどのような人だといわれますか？ それに対して自分ではどのように思いますか？
⑬ 監査の仕事をするうえで気をつけていたことを3つ挙げてください。
⑭ 仕事でどのような案件に関わり，そこからどのようなことを学びましたか？
⑮ 数多ある会社のなかから入社を希望する会社を選ぶポイント（フィルタ）はどこにありますか？

　上のキャリアコンサルシートは**監査法人から事業会社へと転職する際を想定**しています。志望に合わせて応用してみてください。

　ポイントは，口語体（しゃべり言葉）で記載することと，本音で回答しないことです。面接対策も兼ねていますので，あくまで「求人企業の面接官の立場になって考えたうえで回答しましょう」ということです。面接官がネガティブな印象を持たないような表現で伝える必要があります。

05 質問項目の解説と具体例

　では，キャリアコンサルシートの各質問について，解説していきます。
　ここで取り上げる回答例は，実際に相談者が記載したものをなるべくそのまま抜粋しています。
　また，その回答例に対する指摘コメントは私個人の見解であって，弊社の総意ではないことにはご留意ください。

①　自己紹介をお願いできますか？

　最初にされることの多いオーソドックスな質問です。
　そもそも中途採用の面接は，新卒採用の面接と違って，落とすための面接ではありません。お見合いと同じで，双方が対等な立場で話すことを通じて，お互いに理解しあい，ご縁があれば入社という場です。そのため，極度に緊張する必要はまったくありません。
　会社が見るポイントは，以下のとおりです。

> ● コミュニケーション能力（相手にうまく意図を伝え，自らも理解できるか）はあるか
> ● 頑固すぎることはなく柔軟性はあるか
> ● 当事者意識はあるか

　社外活動を何かしていたら伝えてアピールしましょう。積極的，能動的な姿勢をアピールできるとよいです。また，最後には「自己紹介は以上になります」と伝えると，面接官が次に進めやすいです。

回答例1　はじめまして。会計〇夫と申します。19XX年X月X日生まれ，現在30歳となります。私の特長としましては会社内の攻める公認会計士を自負しております。また，趣味はジョギングや自転車などがございます。（30歳・監査法人→事業会社→事業会社志望）

☛会社によって「攻める公認会計士」のイメージは異なります。具体的に述べましょう。

回答例2　会計〇太郎と申します。〇株式会社という△サービスを展開する会社で経理課長を拝命しております。年齢は30歳で，昨年結婚した妻がおります。子供はまだおりません。公認会計士の資格を持っております。（30歳・事業会社→事業会社志望）

☛会社面接なのでプライベート情報は不要です（履歴書に項目もあるので相手はわかります）。どのような仕事をしていて，どのような能力があるのかを簡潔明瞭に説明していただきたいです。前職のことにも触れましょう。

②　事業会社において活かせる能力は何がありますか？

　会計士を採用する企業にとって，これは特に重要な質問といえます。特に，会計士を初めて採用する場合，その企業は過大評価する傾向があります。そのため，監査法人での経験しかない会計士が「経理業務全般に対応できる」などと言おうものなら，その企業はその言葉を鵜呑みにしてしまいます。しかし，その会計士が実際に入社してみるとまったく経理業務ができない，なんてことになったら……。

　面接では，自分を過大に見せることなく，ありのままを伝えるほうがよいです。入社した後のことも考えて，くれぐれも誤解を与える回答をしないように気をつけましょう。

　では，どのような回答をすれば好印象を与えることができるのでしょう

か。それは募集要項を見ればわかります。募集要項には，「こんな能力や経験がある人を採用したい」ということを，must要件（必須要件）とwant要件（あるとなおよい要件）に分けて具体的に書いてあることが多いです。それを見て，自分がその会社でどのような能力を発揮できるかを想像して書くとよいでしょう。

回答例1 通常の会計・税務・監査は当然対応することが可能です。USGAAPやIFRSも実務経験がございます。また，現職におきまして共同投資先の管理を実施していたことから，投資先となる子会社・関係会社および共同投資パートナーとの折衝も可能です。このほか，組織再編の検討や国際的な税務戦略の検討も可能です。（43歳・監査法人→事業会社→事業会社志望）

☛採用企業が求めていない部分まで回答しなくてもよいでしょう。実際に採用企業の募集内容に応じて回答を微調整しましょう。

回答例2 IPO準備会社の監査経験がございますので，上場会社に必要な基本的な組織体系の整備・上場に向けたスケジューリング・必要開示書類を理解しており，それらを助言・指導する能力があります。（38歳・監査法人→事業会社志望）

☛事業会社は助言・指導するだけの評論家は求めておらず，実際に手を動かして作成できる能力がある人を求めています。理解してチェックしてきたのだから当然作成できますというスタンスでなければ事業会社側からは厳しめに見られます。

回答例3 VLOOKUP関数やピボットテーブルなど，基本的なエクセル操作が可能です。（27歳・監査法人→事業会社志望）

☛たとえば，監査法人でいろんな会社の監査を通じて得られた具体的なノウハウなど，監査法人にいたからこそ活かせる能力や経験を挙げましょう。

③　過去の実績を教えていただけますか？

　会計士が求人企業にアピールしやすい質問であると同時に，求人企業にとっても，一緒に働いたらどうなるかをイメージできる質問です。

　「どのような問題に対して，どのように対応し，どのような成果を収めたのか」ということを具体的なエピソードで説明しましょう。

---

①　なるべく専門用語を使わない

　面接官は会計のプロではありません。どんな人でも理解しやすい言葉に変換して回答しましょう。

②　冗長な説明にならないようにする

　これは監査法人での経験が長い人ほど陥りやすいです。職業柄，正確に物事を伝えようとするのですが，あまりに冗長な回答だと，かえって面接官に伝わりにくくなってしまいます。イメージの共有を第一に考えて，語弊を恐れず，端的な回答を心がけてください。

③　仲間を積極的に巻き込めることを伝える

　会計士が求人企業から懸念されるところに「コミュニケーション能力」があります。ほとんどの仕事は，自分1人で完結できるものではなく，仲間とコミュニケーションをとって連携しながら達成していくものです。そのコミュニケーションが問題なく図れるというイメージを面接官に持ってもらえるように回答しましょう。

回答例1　監査業務（IPO準備会社に関する調査業務や顧問契約も含みます）につきましては，現状で10社のチームの主担当として関与しています。プロジェクトの合計の報酬額は約8,000万円で，純粋に担当会社数や報酬額について，私の部署内のマネージャー層の中ではかなり多い業務量をこなしています。これにより，チームメンバーのみならず，クライアントも巻き込んだプロジェクトマネジメント能力が高められたと考えています。（36歳・監査法人→PEファンド→事業会社志望）

☞比較対象がないと相手にはどれだけ凄いことなのかが伝わりません。たとえば，他者平均などを挙げましょう。

回答例2　大手外資企業や日系企業のファンド監査，監査計画から監査の報告書の提出まで監査の一連の業務を実施し，また，投資会社の内部統制の整備や運用状況の評価や監査を実施してきました。さらに，グローバルファームと連携し，海外クライアントの関連会社等に対する監査手続を実施してきました。（40歳・監査法人→事業会社志望）

☞業務内容を聞いているのではありません。実績を積んだエピソードを語りましょう。「問題発生→対処→成果・結果」の流れで説明すると，相手も聞きやすいです。

回答例3　入社当時，管理部が誰もいない状態で業務フローの構築から運用まで会社の管理部として定常業務が社内で回るような環境を作ることができました。また，入社時に始まったシリーズA資金調達の主担当として目標としていた資金を確保することができました。（41歳・監査法人→事業会社→事業会社志望）

☞どのような工夫をして投資家とコミュニケーションを取ったのかを説明しましょう。資料の作りこみで工夫したこと，細心の注意を払ったところなどにも触れて語ると説得力が増します。

回答例4　上場会社を含む会計監査の現場主査として業務を全うしたことです。あるチームにおいては従来からの監査品質を維持しつつ前期比で約10％の工数を削減することができました。（35歳・監査法人→事業会社志望）

☞どのような工夫をすることで工数削減を実現したのか，エピソードを示しましょう。仕事への能動的な姿勢を示すことができ，よい印象を相手に与えられます。

④　なぜ公認会計士を目指されたのですか？

　いま一度，自分が公認会計士という資格を取った本来の目的を見つめ直してみましょう。

囲答例1　私は高校生の頃，普通のサラリーマンにはなりたくないという思いを持っていました。＜中略＞そうした思いを抱いていたときに，将来の進路をどうするか，ということで公認会計士という職業があり，専門知識を身につけて独立できる職業であることに魅力を感じ，公認会計士を目指すことを決意しました。（40歳・監査法人→事業会社志望）

☛相手はおそらくサラリーマンです。サラリーマンになりたくなかった理由もあわせて伝えないと不快感を持たれます。

囲答例2　兄が国家公務員を目指していたこともあり，家族的に大企業や公的な職業に就くことの安定さを刷り込まれておりました。そのような背景のもと，就活にあたり進学した大学のネームバリューに一抹の不安を覚えたことから資格の勉強をすることにし，難しい資格でないと差別化は図れないという家族の意見も踏まえ，公認会計士を目指すことにしました。（30歳・監査法人→事業会社志望）

☛結局自分で判断できない人との印象が残ります。能動的な理由を考えましょう。

囲答例3　多様な業種業態の会社を知ることができると考えたからです。（28歳・監査法人→コンサル志望）

☛なぜ多様な業種業態の会社を知りたいと思うようになったのか，理由がわからないと相手に伝わりません。

⑤ なぜ監査法人に入られたのですか？

　この質問は，たまに聞かれることがあります。ここでの回答が致命的な痛手になることは通常ないので，事実をそのまま伝えてください。

⑥ 転職の理由を教えていただけますか？

　この質問に対する回答には細心の注意を払う必要があります。求職者のうち半数以上は，ネガティブな理由で現職を辞めたいと考えているでしょう。もちろん求人企業もそれをわかっています。そのうえで，どのような大人な回答（求人企業が納得する回答）ができるかがポイントです。

　どんなネガティブな理由でも，面接官が「なるほど」と納得するようなポジティブな理由を考えてみましょう。嘘をつくのではなく，表現を変えるだけで相手の受け取り方は変わってきます。

> **回答例1**　監査法人に11年間所属しており，監査法人の仕事をすべてやりきったわけではありませんが，概ね上司がやっている仕事内容も理解しております。そのため，監査以外の経験を積みたいと考えており，また，今までの経験を事業会社で発揮したいと考えました。（36歳・監査法人→事業会社志望）
>
> ☛10年以上いて，「やりきったわけではありませんが」というのは，ネガティブに見えてしまいます。相手は謙虚な発言とは捉えてくれません。また，上司の仕事内容を概ね理解したことが，なぜ監査以外の経験を積みたいことにつながるのかがわかりづらいです。

> **回答例2**　このまま，アドバイザーだけを続けていてよいのかと疑問に思ってきたからです。
>
> 　買収にしても，もっと戦略的な位置づけやその後のフォローなどできることがないか，事業の中に入って，今までの経験と知識を活かすことができないかと考えました。

また，もっと能力の幅を広げるにはどうしたらよいか，たとえば，財務や戦略，海外でのビジネス経験などを身につけるには転職したほうがよいのではないかと感じています。（40歳・監査法人→コンサル→事業会社志望）

☞迷いが回答に出ています。年齢からすると「〜したいから」と言いきれるようでないと難しいです。もちろん表現の問題もあるかもしれませんが，端的にはっきりと自分の思いを述べましょう。

回答例3　監査法人は良くも悪くもルーティーンワークで，新しいことは少ないため，年次が上がるにつれてチャレンジングな仕事が少なくなるように感じたからです。転職によって，チャレンジングな環境で，エネルギッシュな同僚と働いてみたいと思いました。（37歳・監査法人→コンサル志望）

☞本音を感じますが，採用企業からすると，入社してもチャレンジングでなくなったら，すぐに辞めてしまうという疑念を持たれかねません。

回答例4　何度か会計監査を経験していく中で，まだまだ不十分ではあるものの，企業の業務プロセス，財務プロセスについての理解を深めてきましたが，回数を重ねるほど，もっと企業に対して直接的に寄り添った仕事をしていきたいという思いが強くなり，転職を決意しました。（30歳・監査法人→事業会社志望）

☞「まだまだ不十分」は余計で，聞いている側からすると不安になります。

回答例5　40歳で独立を考えており，向こう5年間は掛け算ができるよう力をつける期間にしたいためです。（32歳・監査法人→事業会社志望）

☞本音は面接ではほぼよい印象は与えません。事業会社としては，「〇年後に辞めます」と最初からいっている人を雇いたくありません。

回答例6　時間を無駄にしたくないと考えたからです。CFOによって大枠では管理されているとはいえ，第1四半期から第3四半期の個々の決算のスケジュールや連結・税務・開示のレビュー，監査指摘事項に対する対応を通じて，自分ひとりであってもある程度こなすことができるという自信ができたこと，また，ここにいてもこれ以上の業務はできないと考えたためです。(35歳・監査法人→事業会社→事業会社志望)

☞業務を獲りに行くというような能動的な姿勢が見られないと判断される可能性があります。たとえば，「○○しようと働きかけたが，うまくいかなかったため残念ではありますが，ここにいてもこれ以上の業務はできないであろうと判断し」のように補定したほうがよいです。

回答例7　複数回転職していますが，現職の会社における転職の理由ということで申し上げますと，会社には平成○年10月に入社し，6年半ほど経過しました。業務に慣れ（マンネリ化）が生じたため，新しいチャレンジをしてみたいと思ったからです。(40歳・監査法人→コンサル→事業会社→事業会社志望)

☞ポジティブな理由にしたほうが心証は良いです。

⑦　事業会社を希望する理由は何ですか？　コンサルでない理由は何ですか？

　監査法人と働き方が異なる事業会社を志望する理由は何なのか，という意味をもって面接官が聞いてくる質問です。多くの会計士が「今までは独立した第三者の立場でしか関与できずに歯がゆい思いをした」，「だから当事者として関わりたい」旨の回答をしています。同じ内容であっても，できれば実体験と絡めた回答を心がけてください。話の説得力が増します。

回答例1　経理・財務以外にも経営企画，人事部など多くの部署があり，多くの
キャリアパスがあることに魅力を感じました。また，事業会社はコンサル会社
と異なり，あくまで自分たちで経営判断を行い，その成果を自分自身の実感と
して感じることができることも魅力だと考えています。（29歳・監査法人→事
業会社志望）

☛中途採用だと基本的にはジョブローテーションがありません。ですので，
いろんなキャリアパスはありません（もちろん小さなベンチャー企業でし
たら全部やるということはあり得ますが）。また，「経営判断」をするのは
あくまでも経営者です。上から目線と思われかねません。

回答例2　監査するという立場では，どうしても決算数値を作成するという経験
を積むことができないためです。監査にお伺いしていても，数値作成業務は二
重責任の原則からすることができませんでした。
　そのため，数値を作成する，また作成した数値を管理するという業務に従事
したく希望いたします。（34歳・監査法人→事業会社志望）

☛コンサルでも外注という形で数値を作成することができますので，そこを
突かれないようにしましょう。

⑧　これまでに経験したBreak through（成功体験，やり きったこと）は何がありますか？

　ここで聞いているのは，質問項目③の過去の実績ではなく，Break
through（成功体験，やりきったこと）です。この経験がある方とない方
では，仕事で心身ともに追い込まれたときの馬力が違ってきます。できれ
ば仕事のエピソードを挙げるとよいですが，年次が浅くて仕事上での
Break throughがまだない場合は学生時代のエピソードや公認会計士試験
のことを語るとよいでしょう。

回答例1　現職では，○○事業での減損処理は経営陣が納得するタイミングと早期処理を求める監査法人の折り合いをつけていくという点では，うまく着地をつけられたと思っています。（40歳・監査法人→事業会社→事業会社志望）

☞どういった工夫をしてそうなったのかを伝えましょう。実際のエピソードを語る際には，①問題発生，②対応，③結果（＋α評価）が基本です。

回答例2　現職での経理経験であらゆる業務改善と効率化を行いました。これによって現場がより高度な専門業務に集中するための礎を築くことができました。また，管理者として部下の管理や，経理の立場，数値を作る立場からの適切な会計処理の選択，監査対応から決算対応，税務対応まで幅広い業務に貢献できました。（42歳・監査法人→事業会社→事業会社志望）

☞抽象的すぎます。せっかくの経験を具体的なエピソードで語りましょう。

回答例3　時間がかかっていたクロージングを第2営業日でできるようになったことです。また，ERPの導入のプロジェクトで，他部門と協議しながら正しい自動仕訳ができるようになったことです。（36歳・監査法人→事業会社→事業会社志望）

☞相手からすれば「時間がかかっていたクロージングを第2営業日でできるようになった」ことがすごいことなのかわかりません。通常はどれくらいかかるものなのか，比較対象を示しましょう。
また，どのような業務の工夫によってそれが達成されたのかをエピソードとして語りましょう。
通常，面接官は経理のプロではないため，基本的には相手の立場に立って説明しましょう。
「ERPの導入のプロジェクトで，他部門と協議しながら」の部分が大変だったところだと思いますが，このようにさらっと回答してしまうと相手には全く伝わりません。

⑨　入社後にどのようなことをやってみたいですか？

　これは求職者にとってボーナス質問。積極的にやってみたいことを語りましょう。そして，次の3つを意識するとより効果的です。

- ●一緒に働く仲間を巻き込んで仕事に取り組みたいという姿勢を見せる
- ●やりたいことが募集内容と乖離しすぎないようにする
- ●やりたい理由までちゃんと伝える

回答例1　過去の実務を考慮すると，即戦力として経理部課長として働ければ幸いです。できれば，定例的な決算業務より新規案件検討を希望します。（41歳・監査法人→事業会社→事業会社志望）

☛ポジションを聞いているのではなく，やってみたい業務を聞いています。経理部課長じゃなくても即戦力として働くことはできます。

回答例2　上場までに必要となる仕事をやりたいです。経理業務や内部統制の整備，見直し等でお力になれればと考えています。また，監査法人対応もさせていただければと思います。（37歳・監査法人→事業会社志望）

☛上場後はすぐに辞めてしまうのではと誤解されます。

回答例3　知識がない中でかなり難しいかとは推察しますが，まずは会社の全体がわかるような業務（全社の予算についての調査等）を実施したいと考えています。（35歳・監査法人→事業会社志望）

☛面接官からすると「知識がない」，「かなり難しい」などと言われてしまうと怖くて任せられません。謙虚な姿勢は逆効果なので，その発言は止めましょう。

回答例4　入社後には，まず自らの業務を広げるために，会計・監査とは毛色の異なる業務を経験したいと考えております。その後，自らの持つ会計の専門性と掛け合わせた業務を行いたいと考えております。（29歳・監査法人→事業会社志望）

> ☞たとえばどんな業務をイメージしているか面接官がイメージしやすいように簡単に触れましょう。

⑩　今後のキャリアプランや目標を教えていただけますか？

　ロジカルかつスマートに回答すると好印象でしょう。面接官があなたが会社を引っ張っていく様子をイメージできれば，内定獲得に向けて大きく前進できることは間違いないです。

　もし「独立は考えていないのか」と聞かれた場合は，「長い目でみればあるかもしれませんが，現時点では明確には考えていません」くらいに留めましょう。

回答例1　目標としては，CFOとして勤務し，会社の成長を財務戦略面で後方支援することです。（42歳・監査法人→事業会社志望）

> ☞採用企業側からすると，回答が他の求職者と同じで浅いような印象を受けます。なぜCFOを志望するのかを述べたほうがよいと思います。また，ご存知のとおり，CFOは経営者でありベンチャー企業では実際には財務戦略面での後方支援のみならず，前にもどんどん出ていきます。なので，あえて財務戦略面で後方支援といった場合に，そこしかできない，またはする気がない人なのではないかと疑念を持たれるおそれがあります。ただでさえ，40代だと動きが遅いとか，柔軟性がないとの予断を持たれやすいので注意したほうがよいと思います。

回答例2　3年後には経理部などの部署を取り仕切る役割を担い，5年後には役員として会社全体のことを考え，会社を成長させたいです。そして将来的には，日本経済に貢献できる人間として，会社経営などを通じて日本経済の発展に寄与していきたいと考えています。(35歳・監査法人→事業会社志望)

☛意気込みはよいのですが，面接官の性格次第では危険視（自分のポジションを脅かす存在）されるので，表現については注意をしたほうがよいです。

回答例3　経営者を傍で支えることができる存在になっていきたい。また，そのような存在になるために必要な経験を積んでいきたいです。財務の経験から分析力を高め，銀行や資本市場との対話力を高めるためのIR経験などが私に足りていない部分だと考えています。(40歳・監査法人→事業会社→事業会社志望)

☛おっしゃっている気持ちはわかりますが，もう40歳ですので新しく経験したいというのを全面に出すのは印象が悪いです。今までの経験を新しい会社で活かしたい（与えたい）という表現が好まれます。

回答例4　第一のキャリアプランや目標は，与えられた業務を全うすることです。(38歳・監査法人→事業会社志望)

☛これはこれで大事なことなのですが，今回のポジションはマネジメント職なので業務を与えられる側ではなくて，業務を与える側です。ですので，この発言をしてしまうと，マインドが与えられる側（＝スタッフマインド）であるように受け取られる可能性があると思います。

回答例5　具体的な形の目標はないのですが，今まで余裕がなくできなかったことをしてみたいと思っています。たとえば社外の勉強会など活動の幅を広げ，その中で今後のことを考えたいです。(44歳・監査法人→事業会社志望)

☛年齢からすると目標が明確にないのは何も考えていない人というマイナス
印象を与えてしまいますので，具体的に考えて述べるようにしましょう。

回答例6　中長期的にはCFOのポジションに就いて会社を財務的な側面からサ
ポートしていくことが目標です。(42歳・監査法人→事業会社志望)

☛CFOをご経験されていないのでこのようにおっしゃる気持ちはとてもよ
くわかります。ただし，ベンチャーCFOは実際にはほぼ何でもやります。
場合によっては営業もやりますし。なので，あえて「財務的な」と言って
いる時点であまり良い印象は与えられません。むしろわかっていないなと
印象づけてしまうので止めましょう。逆にいうと多くの会計士が同じ発言
をしているのでこの内容は避けましょう。

⑪　仕事上の強みと弱みはどのようなものがありますか？

　求職者が自分の強みや弱みを客観的に認識しているかを確認しています。
　強みは，「その会社で活かせる強み」を伝えましょう。仕事で役に立た
ない強みを語っても評価されません。むしろ質問の意図を理解できていな
いとしてマイナス評価になる可能性もあります。
　弱みは，「何らかの対処をしている」ということも伝えましょう。せっ
かく自分の弱みを認識していても，それを何とかしようと努力しない人は
評価されにくいです。

回答例1　強みは，どのようなことでも粘り強く遂行すること，どのような仕事
でもこなすことができることです。弱みは，部下に甘いところです。時には厳
しく接することも必要と考えています。(37歳・監査法人→コンサル志望)

☛どのような仕事でもこなすことができるというのは，けっこう攻めた回答

だと思います。場合によっては厳しい追加質問にさらされる可能性があるので避けたほうがよいと思います。

回答例2　仕事上の強みは，会計の専門家であることを背景に，会計上の助言や提言ができること，弱みは会計以外の総務や法務，営業などの業務については発言が弱くなることです。（33歳・監査法人→事業会社志望）

☛この弱みへの対応として何か対策を挙げましょう。弱みを理解していながら何もしないのはマイナス印象を与えてしまうためです。

回答例3　仕事上の弱みとしましては，監査法人での勤務経験しかございませんので，一般事業会社の仕事に慣れるまでに少し時間がかかるというのが挙げられるかと思います。積極的に業務に取り組み，勉強させていただき，少しでも早く期待に応えられるよう努力します。（38歳・監査法人→事業会社志望）

☛重要なポジションでこの発言は止めたほうがよいです。謙虚とは捉えられません。勉強する場じゃない！　と叱責されることもあります。

⑫　あなたは他人からどのような人だといわれますか？それに対して自分ではどのように思いますか？

　ネガティブな印象を与える内容でなければ，自由に回答して問題ない質問です。ちなみに，一見ネガティブな内容でも，表現を変えればポジティブに聞こえるものもあります。

　たとえば，頑固であるというネガティブな表現も，「実直である」，「一本筋が通っている」といった表現に変換するとポジティブに聞こえます。優柔不断であることも，「柔軟な対応ができる」と変換して表現するとポジティブに聞こえます。

要は伝え方しだいです。もちろん逆のパターンもあり，本人がポジティブに思っても，面接官がネガティブに感じる表現もあるので，注意が必要です。

回答例1　よく穏やかだといわれます。それに対して，もう少し自分自身を出していってもよいのではないかと思っています。(36歳・監査法人→事業会社志望)

> ☛なぜそう思うのか，理由まで回答したほうがよいです。

回答例2　自分の思いを曲げない意志の強さがあるとか研究熱心であるといわれることがあります。確かに，頑固な一面もありますが，それは，納得するまで物事を徹底的に考え抜く，という一面もあるということなのだろうと自分では思っています。また，慎重に石橋を叩いて渡るタイプ，ともいわれますので，おそらく人からは丁寧に問題に取り組んでいるとみてもらえているのだと思います。
　　また，人見知りはするけど親しい人からの人望は厚い，ですとか，相談したくなるし相談したら何とかしてくれそう，といってもらえることもあります。きちんと人の話を聞いて，立場を尊重しつつ受け答えをするように心がけているので，そのように思ってもらえているのかと思っています。(43歳・監査法人→事業会社志望)

> ☛「自分の思いを曲げない意志の強さがある」から頑固すぎるようなイメージが伝わってきました。年齢も考慮に入れると，使いづらい人だと思われるおそれがあります。監査法人に長くいた人は頑固なイメージが持たれやすいので，柔軟な対応ができることをアピールしたほうが有効です。
> 「慎重に石橋を叩いて渡るタイプ」も，一見よさそうに見えますが，年齢および監査法人の所属期間の長さをみると，保守的すぎるイメージを与えてしまい，事業会社からは敬遠されてしまいます。

⑬　監査の仕事をするうえで気をつけていたことを３つ挙げてください。

「なぜ気をつけていたのか」という理由まで述べるようにしましょう。以下，いずれかのフレームワークに沿って回答することをオススメします。

- 結論A，B，C→理由A，B，C
- 結論A，理由A→結論B，理由B→結論C，理由C

これは他の質問にもいえることですが，まず結論を述べることが大切です。面接官も話を理解しやすくなり，あなたも話の途中で質問内容を忘れるといったトラブルを避けることができます。

> **回答例1**　クライアントへの負荷が最小となること，基準が許す範囲であれば，クライアントの意向は最大限尊重すること，法人内の論理をクライアントに持ち込まないことです。(35歳・監査法人→事業会社志望)
>
> ☛端的すぎます。なぜこの３つを挙げたのか，理由も述べるようにしてください。

> **回答例2**　「正しさ」を常に頭に入れておくこと，「NO」を答えの一番に持ってこないこと，「完璧主義」の精神を貫くこと，の３つです。
> 　「正しさ」については，不適切会計事案を受けて，絶対に持ち続けないといけないものだと思っています。「NO」ではなく，まずは「YES」を，「できる」を前提に物事を考えることが，周りを明るくし，信用にもつながると思っています。「完璧主義」については，自分に厳しく，質の高い仕事を追求することで，後工程の生産性がグンと上がります。(42歳・監査法人→事業会社→事業会社志望)
>
> ☛完璧主義というのはネガティブに捉えられます。融通が利かないとか，周りに完璧を強制してしまってハレーションを起こしてしまうこと等が想定

されてしまうためです。表現方法を工夫しましょう。自分に厳しく質の高い仕事を追求する姿勢はよいのですが，それを一言でまとめるのに「完璧主義」という言葉を使うのは得策ではありません。

⑭ 仕事でどのような案件に関わり，そこからどのようなことを学びましたか？

この質問で，仕事に対する積極性がわかります。求人企業としても，自社でどれくらい成長してくれるのかというイメージがつきやすくなります。ここでも，もちろん具体的なエピソードを交えて回答することが大切です。

回答例1　上場審査業務は，上場会社として「あるべき姿」を追求するものでした。そこから上場会社として信用を得るために必要なこととは何かを学ぶことができたと考えています。（36歳・監査法人→証券会社出向→事業会社志望）

☛ どのようなエピソードがあったのか（どのような案件に関わったのか）の具体的な話がないので面接官には内容が伝わりにくいです。守秘義務の範囲内で具体的に話せるようにしておきましょう。

回答例2　連結上では，会社内部の取引は消去されて消えてしまいますが，現場責任者はこのような内部取引も業績の1つと考えている人も多く，管理上そのような取引についても適切に損益を把握するためにはどうすればよいかを考えるようになりました。（40歳・監査法人→事業会社→事業会社志望）

☛ 「何を学びましたか」という質問に対して，「考えるようになりました」というのは回答になっていません。

⑮　数多ある会社のなかから入社を希望する会社を選ぶポイント（フィルタ）はどこにありますか？

　当然，面接する会社が当てはまらないことをいってはいけません。また，「会社に何かしてもらえる（会社が与えてくれる）」という受け身の姿勢を伝えるのもNGです。あなたを採用する会社は，あなたを管理職（または管理職候補）として考えています。それなのに，受け身の姿勢を示してしまうと「自走できない人」，「自分で物事を考えられない人」という評価をされてしまいます。そのため，ここでは能動的な姿勢として，「会社で自分が○○○という仕事にチャレンジさせてもらえるような社風」といった，あなたが会社に進んで貢献していきたいことを伝えるとよいでしょう。

> 回答例1　自らのキャリアを伸ばすうえで道筋が見え，私のキャリアプランとマッチすることと，現状に満足することなく，会社を今後も伸ばしていく社風であることです。（39歳・監査法人→事業会社志望）
>
> ☛自分本位でプロフェッショナル的な考え方であり，あまり事業会社向きではありません。たとえ話ですが，恋人からの「どうして私が良いの？」という質問に「私自身にメリットがあるから」と回答するようなものです。

> 回答例2　将来のキャリアにプラスになる役割を与えてくれる会社がいいです。（41歳・監査法人→事業会社→事業会社志望）
>
> ☛100％NGな回答です。年齢的にも，求人ポジション（経営者レベル）としても，このような受動的（会社が〜してくれる）な姿勢だと間違いなく内定は出ません。能動的・積極的（会社に〜してあげられる）といった姿勢をアピールしないとダメです。

コラム　会計業界以外にも目を向けてみよう

　会計士だからといって，会計に縛られる必要はありません。公認会計士試験の受験勉強で培った力はどの業界でも生きてくるのです。

　日本の公認会計士試験は昔に比べて簡単になったとはいわれるものの，圧倒的な難易度であるのは間違いありません。弊社の独自調査によると試験合格の平均受験期間は3〜4年ほどです。その間ずっと，勉強中心の生活をするわけで，そこで養われる忍耐力，合格というゴールまでやりきるというコミット力は相当なものです。

　この忍耐力やコミット力の活かせる場は，会計業界だけではありません。会計に縛られず，自由にキャリアデザインを描いていくとよいでしょう。

　また，監査法人での経験は，9割以上の方が転職先で活かされていると答えています。

　「会計士の履歴書」を作成するにあたっては，会計業界を飛び出して活躍する会計士にもたくさん出会いました。監査法人での経験に自信を持って，飛び出してみるのも1つの選択肢だと思います。

監査法人での勤務経験の役立ち

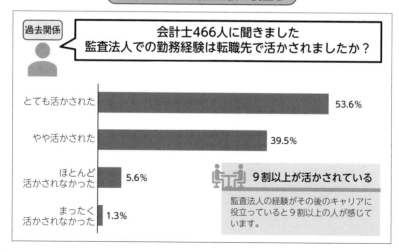

過去関係

会計士466人に聞きました
監査法人での勤務経験は転職先で活かされましたか？

とても活かされた　53.6%
やや活かされた　39.5%
ほとんど活かされなかった　5.6%
まったく活かされなかった　1.3%

9割以上が活かされている
監査法人の経験がその後のキャリアに役立っていると9割以上の人が感じています。

第2章

会計士の市場価値とは

01 会計士の市場価値を決める要素

　会計士の市場価値は，基本的には①**年齢**，②**能力・経験**，③**景気**の３要素で決まってきます。まず**01**では，実際に市場価値がどのように決まるのかをご説明します。そして，**02**では他にどのような要素が加わることでご自身の市場価値を上げられるかを説明していきます。

① 年齢

　転職するにしろ，独立するにしろ，その決断をするタイミングにおける年齢はとても重要です。

　会計士は，合格平均年齢が25～26歳で，その大半（通常は８～９割）が監査法人に就職します。そして，公認会計士試験合格後に，監査法人に入社して約５年で半数が退職する状況（会計士白書2019年度版〈2019年10月公表〉より）です。だいたい30歳くらいで転職するわけです。

　転職市場では，**35歳の壁**について語られることがありますが，会計士に限っていえば，**基本的になくなってきたように感じます**。なぜならば，監査法人から転職しようとする人数に比べて，会計士を必要とする会社が増えてきているからです。これは2010年以降に転職した多くの会計士たちが活躍していることから，会社側が会計士の有用性に気づき，ニーズが増えてきたものと推察されます。

　ただし，まったく未経験の業種を希望する場合は違います。たとえば**戦略コンサルを希望する場合は，一人前になるまでに時間がかかるので，転職は早いほうがよいでしょう**。

　戦略コンサルに転職した人は，「会計士は基本的に過去の情報が正しい
かを判断する仕事，コンサルは主に現状，そして将来に目を向けて経営課
題を解決する仕事。そもそもの視点が違うので，仕事のやり方も違ってく
る」といいます。人事担当者も，「監査法人から転職したての会計士の多
くが監査法人での仕事のやり方から抜け出せず苦労している」といいます。

　また，あなたがCFOポジションを志望するとしたら，経営者（≒創業
者）の年齢によっては，会社に入りづらい場合もあります。一緒に会社を
成長させる仲間としてCFO（または管理本部長）を迎えるとき，自分の
年齢に近い人を選ぶ傾向にあるからです。

②　能力・経験

　転職や独立をするにあたって，「能力や経験はどこまで積んでおくとよ
いか」という質問をよく受けます。もちろん，幅広い能力や知識，深い経
験があったほうがよいのに違いないですが，それには時間がかかってしま
い年齢が高くなってしまいます。逆に，能力や経験をそれほど積まないま
ま次のキャリアへ進んでしまうと，年齢が若いので一定の需要はあるもの
の，会社が期待していたほどには活躍しきれないといったことが生じてし
まいます。つまりトレードオフの関係にあることは意識しておくべきです。
　40代以降で他者に誇れる実績を上げるためには，30代でマネジメント能
力を磨き，自己ブランディングをしておくことが重要です。
　1人でやれる仕事は限られており，他者に誇れる大きな仕事を成功させ
るには，より多くの部下や他部署を巻き込みマネジメントしていく必要が
あります。そのために**30代でのマネジメント能力の強化**が重要になるの
です。
　また，自分が将来どうしていきたいのかを考えて，そのために必要な能
力や経験はどれくらいなのかを見極めるのも重要です。たとえば，相続税

や事業承継のアドバイザーとして活躍したいならIFRS（国際会計基準）について深い知識を持つ必要はありません。もちろんあるに越したことはないですが必須能力ではないです。もし万が一，必要になったらその道のプロに聞くという手段をとればよいだけです。

　会計士だからといって，数字が関わるあらゆるものに深い知識がある必要はないですし現実的に厳しいです。わからないことにぶつかったとき，それを解決できる方法を知っていればよいのです。

③　景気

　転職には有利なタイミングがあることを，ここではお伝えします。**転職は景気がよいときにするとよいでしょう。**転職したいと思ったタイミングに景気がよければ，好待遇が期待できます。

　転職は，あなたに対するニーズが最も高いときにするのが得策です。そして，ニーズが最も高まりやすいのが好景気のときです。景気がよい時代は，多くの企業がどんどん売上や利益を拡大していきます。それに伴って，従業員数は増加し管理職ポジションが増えていきます。この状況下において，管理職ポジションを担える人材は多くの採用企業から引っ張りだこになり，そこでは「売り手の交渉力」が働くため，好待遇を提示されます。

　一方で，不景気の状況下での転職はとても辛いものとなってきます。景気が悪い時代は，多くの企業で売上や利益が下がっていきます。それに伴って，従業員が減少し管理職ポジションも減らされます。この状況下において，管理職ポジションでの採用枠はほぼなくなりますし，数少ない採用枠に多くの求職者が押し寄せるため，「買い手の交渉力」が働いて，提示される待遇は想像以上に厳しいものになることは覚悟しておいたほうが

よいです。

　ここまでお伝えしていくと，**不景気のときは実力を高めるために現職で経験を積み，好景気のときに転職すればよい**ということがご理解いただけると思います。しかし，現実にはそのように行動できている方は少ないように感じます。このような不合理が生じる理由は 2 つあります。

理由 1　好景気の状況では現職の会社も成長しており，その過程において報酬面で報いていることが多い。そのため，成長局面においては社内の雰囲気もよいことから不満を感じることが少ない。

理由 2　不景気の状況では現職の会社も低迷しており，その過程においてさまざまな待遇面で悪化していることが多い。低迷局面においては社内の雰囲気も悪くなりやすいことから，現状の不満とともに将来への不安にも過敏になることが多い。

　以上，述べてきたように，景気の動向は会計士の需給バランスに大きな影響を与えているということ，しかし現実には合理的に行動しづらいということを認識していただくとよいでしょう。

02 市場価値を上げるには

時間単価を上げるための努力

　現職のサラリーマン的な働き方ではなく，時間に拘束されずにもっと自由に働きたいという会計士は多いです。

　「時間単価を上げるためにどのような努力をしていますか」と聞くと，「普段から知識習得のために本を読んだり，勉強会などにも参加したりしています」という回答があります。ただ，会計士全体が真面目で，普段からそうしている人が多いので差がつきません。もし他の会計士から一歩抜きん出て差をつけたいのであれば，①**セルフブランディング**，②**レコード**を意識しましょう。

①　セルフブランディング

　会計士であること自体がセルフブランディングの1つです。しかし，さらに頭一つ抜きん出るには，**他の要素との掛け合わせ**が必要です。掛け合わせによって希少性が増します。

　たとえば，税務業務で独立するとき，「会計士×税理士」の掛け合わせであればたくさんいます。ここで，クライアントの職業を「医者」に絞ってみると希少性が増すでしょう。加えて地域を「徳島県」に絞ると，さらに希少性は増します。きっと徳島県に住む医者はそのように特化したあなたに税務の相談をしたいと思うでしょう。

②　レコード

　レコードとは，IPOを成功させた，上場企業の役員を務めたなどの実績です。レコードがある人に対して依頼者は，その能力の高さを期待して，より高い待遇を提示してヘッドハントしてきたり，より高い単価の仕事を頼みにくるでしょう。

　難易度が高かったり時間がかかったりして誰もが簡単には作れないレコードほどよいですが，リスクとリターンのバランス感覚が必要です。ただ会計士は過度にリスク回避的な思考の人が多く，行動することを諦めてしまっている人が多いのはとても残念に思います。

　会計士で，通常どおり仕事をし，人付き合いも誠実にしていれば，少なくとも生活に窮すことはありません。いきなり大きなリスクをとるべきだとはいいません。少しでもよいのでリスクをとって，自分のレコード，実績を作る行動をしてみましょう。そうすれば，きっと多くの気づきや人とのつながりが得られます。そして，それが他の会計士から抜きん出る一歩につながっていきます。

コラム　**よい採用案件に出会うためには**

　誰もがよい採用案件に出会いたいと思っていることでしょう。しかし，その出会う方法について考えて行動できている人はほとんどいないのではないでしょうか。

　結論からいうと，うまく転職エージェントを使いこなせば選りすぐりのよい採用案件に出会えます。さらにいうと，あなたが転職エージェントにとっての優先顧客になることが重要です。優先顧客になることで，あなたはより早く魅力的な採用情報を得ることができ，他の候補者よりも優先的に役立つアドバイスをもらうことができます。

　では，どうすれば優先顧客になれるのでしょうか。

実は優先顧客になるのはそれほど難しいことではありません。次に挙げる3つのことを心がければ，おのずとあなたは優先顧客になっていきます。少し面倒なこともありますが，それ以上のリターンは必ずありますのでぜひやってみていただきたいです。

①　何度も連絡を取り合う

転職エージェントも人間ですので感情があります。何度も連絡を取り合っている人にはやはり親しみが湧いてきます。今すぐに転職することを考えていなかったとしても，定期的にコミュニケーションを取っておくことで常に転職エージェントの頭の片隅に存在していれば，魅力的な案件が出てきた際にはいち早く連絡をくれるようになるでしょう。

②　転職活動への真剣な姿勢を見せる

転職支援をしていると，人によって転職活動への真剣度が違うことに気がつきます。たとえば，もっと給料を上げてやりがいのある仕事をしたいといいながら，内定を獲得するための入念な事前準備を怠っていたり手を抜いたりする人は意外と多いものです。そのような真剣に取り組まない人を転職エージェントが優先顧客にすることはまずないでしょう。逆にいうと，真剣な姿勢を見せるとそれに感化されて転職エージェントも期待に応えたいと動くものです。

③　レスポンスを早くする

当たり前のように思われるかもしれませんが，実は多くの求職者ができていないことです。転職エージェント側の立場になって初めてわかったことですが，求職者からの連絡が急に途絶えることは日常茶飯事です。そのため，レスポンスが早いだけでその求職者に対する心証は格段によくなりますし，真剣度合いも伝わってきます。

第3章

CFOになるには

01 会計士の8割が志望するCFO

「CFOになりたい」という相談は多い

　事業会社への転職を考えている**会計士の8割**が「将来的にはCFOになりたい」といいます。

　ただ，CFO（最高財務責任者）は，ここ10年で日本でも随分浸透してきましたが，その役割は海外でいうところのCFOとは異なり，いわゆる管理本部長が名乗っているケースなど，さまざまなのが実情です。

　会社によって，CFOに期待する能力は異なりますが，大きく分けて2つが挙げられます。1つ目が**ファイナンス能力**（資金調達やIRなど）で，**2つ目がバックオフィスを統括する能力**（経理・財務，法務，労務，総務，人事など）です。会計士にとって親和性があるのは後者です。

　CFOになっていくキャリアはさまざまです。ただ，監査法人経験しかない会計士が，いきなり上場企業のCFO（または管理本部長）になることはほとんどありません。ここでは効率的にCFOになるための一例として，IPO準備企業に入社してステップアップしていくキャリアについて挙げたいと思います。

- Step 1　監査法人で4，5年経験（現場主任経験は1年以上）
- Step 2　IPO準備企業においてCFO直下ポジションでバックオフィス統括能力を磨きながら上場を経験
- Step 3　CFOとしてバックオフィス統括が求められる会社に入社

Step 1　監査法人で4, 5年経験 (現場主任経験は1年以上)

　バックオフィス統括の能力を求められるCFOとして監査法人での経験は重要な基盤です。特に，IPO準備期間および上場後はあなた自身が監査法人とやり取りしますので，監査法人の手の内（監査論点，スケジュール，落としどころのつけ方など）を知っていることは強みになってきます。

Step 2　IPO準備企業において，CFO直下ポジションで　　　　　　バックオフィス統括能力を磨きながら上場を経験

　監査法人で経験を積んだ後にいきなりベンチャーCFOになるケースもありますが，CFO直下ポジションで修業し，経理・財務以外の法務，労務，総務，人事などの経験を積むほうが無理がありません。

　苦戦するのがチームビルディングで，監査法人と違い，さまざまな仕事のレベル感や価値観を持った人たちが集まります。IPOというゴールに全員のベクトルを向けさせていくのはとても苦労することでしょう。

　また，上場が東証において承認されるとロードショー（機関投資家たちへの説明）が始まります。CFOがどのようなプレゼンをしているかを見られるのはとても有意義です。

Step 3　CFOとしてバックオフィス統括が求められる　　　　　　会社に入社

　ファイナンスの経験があまりない会計士であれば，社長がしっかりと投資家たちと関係性を築いていて資金調達ができている会社へ転職したほうがよいでしょう。一方で，バックオフィスが整備されていない会社であれば，活躍が期待できます。

　入社するステージとしては，N-3期（上場申請期の3期前）の終盤かN-2期（上場申請期の直前々期）前半のちょうど監査法人のショートレビューが入る前後あたりを狙うとよいでしょう。

02 IPOを成功させる会社とは

IPOできる会社とできない会社

　IPO（新規株式公開）準備企業へ転職を考える人は，IPOを実現できる会社に入りたいと思うことでしょう。しかし，驚くことにIPO準備企業に転職を考えている人のほとんどは，上場できる可能性が高いのはどのような会社なのかを研究していません。

　そこで，ここではIPOできる会社の見極め方について，情報共有をできればと思います。ただし，ここで述べる内容はあくまでも私見であって絶対的な正解ではないことにはご留意ください。

　IPO成功の可能性が高いかどうかを判断するためには，以下の3つの軸をチェックします。

---

　①　事業優位性
　②　収益モデルがストック型
　③　経営者の誠実性

---

①　事業優位性

　事業優位性は，具体的にいうと，ニッチな市場でNo.1の地位を築いているか，または，他社に負けない絶対的な技術力を誇っているかという点です。このいずれかを満たす場合は，その属する市場規模が拡大するのに

伴って売上は上がっていき，その事業は他社よりも大きく成長していけるからです。

② 収益モデルがストック型

これを挙げる理由としては，証券会社および東京証券取引所の審査において，会社の「成長性」を説明する際にロジカルに納得感のある説明をしやすいためです。ゲーム，不動産，人材紹介などといったフロー型の収益モデルだと，今年反響が大きくて売上が大きかったとしても，来年の売上がどうなるかは未知数です。一方，ストック型の収益モデルであれば，市場規模が拡大していることを独立第三者の立場にあるシンクタンクなどが発表した数値をもって示し，シェアを上げるための合理的な施策を打ち出せば，IPO成功の可能性も高くなります。

③ 経営者の誠実性

そして，何よりも重要なのが経営者の誠実性です。上場できるかどうかの成否を握っているといっても過言ではありません。実際に話をしてみて心から応援したいと思えるかどうかで判断するしかありません。応援したいと思わせるような経営者の場合は，たとえ上記①や②に該当しなかったとしても周りからの支援があって上場できた，というケースもあります。

わかりやすく説明するために①〜③に配点をつけてみます。IPOをするために60点（100点満点）が必要だとします。その場合，①が25点，②が25点，③が50点と考えてよいでしょう。

①②が満点を取れていても経営者が誠実でなければ上場はできませんし，経営者が誠実でも事業の優位性や収益モデルが悪ければ上場できません。バランスが必要なのです。

インタビュー① IPOを成功させ ヘッドハントされCFOに

土谷　祐三郎（Retty株式会社CFO）

2000年公認会計士試験合格。監査法人トーマツに入社。2008年株式会社コーポレイトディレクション（CDI），2011年PEファンドACAに入社。2016年Retty株式会社にCFOとして参画。

——監査法人後の経歴は？

エンロン事件などによって監査業務とコンサルティング業務が分離していく流れが起きたことで監査法人が提供できるコンサルティング業務に限界を感じ始め，またマネージャーに昇格したことで監査業務については一通りの経験はできた自負もあって転職を考えるようになりました。戦略系コンサルを志向したのは，経営の中で最下流である会計数値からの改善提案ではどうしても事後的であることから改善範囲に限界があり，最も上流である戦略策定時点から参画していく必要があると痛感していたためです。

——戦略系コンサルの後は？

入社から3年半程度が経過した時点で，会計士×コンサルティングという自分ならではの強みをより活かしていきたいという思いでACAに転職しました。

ACAでは，たこ焼きチェーンの銀だこを展開する株式会社ホットランドに出向し同社のIPOに尽力するなどしました。

——その後，Rettyに。

その後，Rettyから声を掛けて頂き，ビジョンと圧倒的な熱量に感化され入社を決めました。代表の武田やその他のメンバーにも会っていくうちに，日本の素晴らしい食という分野で生まれたサービスを世界に広げていこうというビジョンに共感し，一緒に面白い会社を作りあげていきたいと思うようになったのです。

——RettyでのCFOの仕事とは？

現在は，経営企画と管理部門の統括を担当しています。

経営企画では事業計画策定やIRなどと一般的な経営企画業務以外に，全社的かつ長期的な視点で捉えた時の課題をプロジェクト化して解決していくことや，経営戦略やカルチャーなどを社内に浸透させていくことなどを担当しています。

管理部門では，全社的な管理体制の向上とメンバーの働きやすさや生産性を高めていくことを担っています。具体的にはコーポレートガバナンスやコンプライアンスの強化に向けて研修や規定などの仕組みを導入したり，業務改善に向けて業務フローの改善に取り組んだりしています。

——CFOとしての強みは？

　私自身の強みは，これまで幅広く沢山の業務を経験してきたこと，適応力すなわち柔軟性の高さ，そして何よりも運の強さの3つだと思っています。

　会計士は日本で4万人おり，その中でトップになるのは非常に難しいことです。勝ち残っていくためには，複数のキャリアを組み合わせて自分なりの付加価値を生み出す必要があります。組み合わせがニッチであればあるほど価値が高まります。

——なるほど。複数のキャリアの組み合わせですね。次の適応力とは？

　CDIで得た経験から自分の考えや過去からの経験に固執することなく，常にゼロベースで考え直し，その場面場面における最適な形を模索し，それを実現するよう全力で取り組むようにしています。全力で取り組むことによって，最初は懐疑的であったメンバーさえも巻き込むことができ，結果としていくつかの大きな成果も出せたと思っています。

——3つ目の運の強さは？

　何事も強い思いをもって行動すると，自分の運の強さが発動して結果としてうまくいくと信じています。短期的にどんなに辛くても投げ出すことなく，自分として納得いくまで努力することで，結果は必ず付いてくるものと思っています。その時の辛さは，ある意味，達成した喜びを増幅させるスパイスみたいなものだと思っています。これまでにほとんどの自分の思いが実現できたのも，思いは必ず実現するということを信じる気持ちと運の良さがあったからで，それが自分の強みだと思っています。

——CFOを目指す方へのメッセージを。

　自らの思うとおりの自由な人生を目指したいならば，会計士のキャリアを一通り経験した上で，周りの会計士と全く違うことにチャレンジするのが良いと思います。その方向性は，自分が興味を持てるものであれば，語学でも趣味でもなんでも良く，その方向性がニッチであればニッチであるほど，その経験が早ければ早いほど，付加価値が高まります。

——具体的には？

　具体的には，今では誰でもできる英語を勉強するより，違う言語を勉強するとか，会計士と全く分野の異なるキャリアを経験するなどです。自分の場合は，当時，会計士で経験した人が少なかった戦略系コンサルティングを経験したことによって付加価値が生まれたと思っています。会計士という大きな保険を持って，さまざまな世界へ自由に飛び立ちましょう。

**CFOを2社，
計20年以上経験へ**

澤田　正憲（株式会社サンウッド取締役管理本部長）

1992年公認会計士二次試験合格。太田昭和監査法人（現EY新日本有限責任監査法人）を経て2000年株式会社シンプレクス・テクノロジー（現シンプレクス株式会社）執行役員CFO（2002年IPO＝JASDAQ上場，2005年東証一部上場）。2013年MBOにより上場廃止と同時に退任。2014年株式会社サンウッド取締役管理本部長（現任）

——CFOになるまでの経歴は？

　監査法人で7年経験し，これまでの仕事の中で一番面白かったIPO業務を極めたく，IPO準備のベンチャー企業（金融システム開発のシンプレクス・テクノロジー（現シンプレクス株式会社）に転職しました。そこで執行役員CFOとしてIPOを実現し，その後，東証一部に上場。13年間にわたって上場企業のCFOを務めました。社員40人の時代に入社し，売上/利益が10倍以上に成長する過程を経験できたのは大きな財産になりました。

——その後，サンウッドに。

　2014年からは，経営再建中だったジャスダック上場のマンションデベロッパーであるサンウッドの取締役管理本部長として，CFO業務を中心に，経営再建に携わっています。

　上場企業のCFOとして合計で20年以上色々な経験をさせて頂いています。

——異業種ですね。

　ITから不動産，急成長企業から経営再建企業への大転換です。初見の業務に対する理解が速い「瞬発力」が活きています。管理部門を中心に経営全般を担当していますが，経営再建に手ごたえが出てきており，正しい経営の方向性に業種等による違いはないことを実感しています。個人投資家に「澤田さんがいるなら信頼できる会社だ」と言われましたが，「澤田が経営に携わる企業はすべて良い企業になる」。そんなブランドが作れたら最高の栄誉ですね。

——CFOの仕事は？

　まずはじめに，当たり前のことですが，会計士業≠CFO業です。

　業務範囲としては，経理財務だけでなく，経営企画，総務人事，法務，広報IR，システムなど会社全般を見る必要があります。企業規模にもよりますが，会社の本業以外はすべて担当しているという状態ですし，時には雑用もこなさなければなりません。加えて，経営チームの一員として本業（ITだったり，不動産だっ

たり）にも精通する必要があります。

　財務をみても，監査法人にいると直接，間接で資金調達をした経験はない方が大半だと思います。CFOとして実際に資金調達するために，銀行，証券会社，VCとの交渉が必要で，単に書類だけ見ていればよいというものではありません。

　公認会計士の方は経理財務，制度開示，内部統制などは得意なのですが，それ以外の分野の知見をもっと高める必要があります。特に上場企業となると，他部門の役員も十分優秀です。他の役員や他社と同レベル以上で知見を持たないと取り残されます。

　会計知識もある優秀なビジネスマンを目指す必要があります。専門分野のみで戦っていきたいという方よりも，多彩な分野の知識を得て，レベルアップしていきたいという方がCFOに向いています。

──CFOに至るまでにやっておいたほうがよいことは？

　監査法人の仕事は非常にレベルが高い知識・経験が得られるので，その知識経験をしっかりと自分のものにすることがまずは重要です。当時のクライアントで見聞きした知識経験が，その後のCFO業務を行う判断の基軸になります。

　また，公認会計士であれば，高い計数感覚を有しています。これは大きな武器です。計数感覚に見合うレベルの高度なビジネス感覚を身につけていけば，CFO

として十分に通用すると思います。

　一方で，CFOのような責任を負う立場にいないと身につかないのが決断力です。監査法人やコンサルタントの仕事は，最終的な決断をする場面が非常に少ないため決断力がなかなか身につきません。決断力を磨くためには，早く経営の現場に立って実践していくべきではないでしょうか。決断力については苦い思い出があります。1社目の会社に転職した直後に，監査法人時代の癖で，事例や規則の話をしてしまい，社長に「そんな評論家の意見はいらない。澤田はどうしたいんだ？」と怒られました。CFO業務では，客観的な意見を出すのではなく，経営チームの一員としての意見が求められるため，マインドの変化が必要です。

──CFOを目指す方へのメッセージを。

　改めて思うことは，キャリアは1つしか選べないということです。会計士のキャリアパスは複数あるし，正解は永遠にわかりません。僕はシンプレクスをIPOさせたあと，会計専門家の道を諦めて，企業経営を極めるCFOの道を歩むという選択をしたのですが，正解かどうかはいまでもわかりません。

　決めたキャリアをどうやって極めていくか。そのためにどれだけ努力をして後悔しない人生を送るか。目標に向かって全力で突き進んでほしいと思います。

インタビュー③ IPOコンサルからCFOへ

渡邉　淳（公認会計士渡邉淳事務所代表）

1992年富士通株式会社入社。1997年公認会計士第二次試験に合格，青山監査法人（現 PwCあらた有限責任監査法人）入所。2003年野村證券株式会社へ出向　引受審査部に配属され株式上場（IPO）審査業務等に従事。2006年株式会社ラルク入社，IPOコンサルティング業務に従事，2008年同社取締役就任。2014年株式会社エラン取締役CFO就任（2014年11月東証マザーズ上場，2015年11月東証一部市場変更）。2018年株式会社エラン取締役退任，公認会計士渡邉淳事務所設立。

——CFOになるまでの経歴は？

　高専（工業高等専門学校）出身で，キャリアのスタートは，電機メーカーのエンジニア職でした。職業選択をやり直そうと退職し，2年間の会計士試験受験期間を経て監査法人に就職しました。

　監査法人でIPO関連業務の面白さに気づき，監査法人内での証券会社への出向者公募に応募しました。証券会社において自らIPO審査業務に携わったことでIPOに関する知識・経験を高め，監査法人退職後は，IPOコンサルタントとして8年間活動しました。

——IPOコンサルからCFOに。

　エランはIPOコンサルタントとしての支援先の1社です。同社がIPO準備をスタートする時から関与しています。主幹事証券会社選定のコンペにも社長のアドバイザーとして参加し，その後のIPO準備全般を社外からサポートしていたところ，関与して2年経ったあたりのことですが同社の櫻井社長から熱心なオファー

をいただき，同社にジョインさせてもらうことになりました。それまで事業会社でCFOになるということは全く考えていませんでしたのでこの進路変更は大きな決断でした。

　同社の取締役CFOとしてマザーズ上場と東証一部市場変更を達成しました。上場後4回目の株主総会にて，1つの役割を終えたと判断し退任しました。

　私がCFOを務めていた間は，公表した業績予想について下方修正は1度もなく全て達成できたこと，決算短信などの適時開示と四半期報告書や有価証券報告書などの法定開示においてミス等による訂正報告書の類を1度も出さなかったことは小さな自慢かなと思っています。

——エランでのCFOの仕事は？

　もしかすると世間のCFOとは違うかもしれません。経営管理，経営企画などいわゆる管理系の何でも屋でした。資金調達ニーズがあまりなく，同社のサービスをいかに日本全国に広げていくかとい

うステージでしたので最優先に取り組んだのは全社的な計数管理能力の向上や人事制度の見直しなど組織基盤の強化でした。売上も従業員数も毎期20〜30％のペースで急成長していましたので，教育などで強化してもすぐに薄まってしまうことの繰り返しでなかなか大変でした。

——CFOに至るまでにやっておいたほうがよいことは？

抽象的なお話になってしまいますが，知識を増やすというようなことよりは，人間性を高めるとか，いくつかの立場や職種を経験しておくことをおすすめします。

知識面は，会計士であれば必要になった都度，必死に取り組めばだいたい何とかなります。さらに言うと，CFOが全てのスキルを持つ必要もありません。難しいことは，社外の優秀な人材，例えば，金融機関や弁護士，コンサルタントなどの能力を引き出せばよいだけですので。

人間性については，言語化しづらいですが，エランに誘われた際，櫻井社長からもその他数人の役員・幹部からも「渡邉さんと一緒に仕事をしたい」，「人柄を評価している」，「信頼できる」ということを言っていただきました。もちろん，会計士やIPOコンサルとしての専門性があってのことだとは思いますが，スキルや専門性だけではこのようなご縁には繋がらなかったのではないかと思っていま

す。

あと，CFOを目指されるルートはさまざまですが，１つの仕事だけをやり続けるのではなく，転職等によって，視野を広げるとともに職場環境の変化への耐性を身に付けておいたほうがよいと思います。

事業会社で経営陣としてよいお仕事をするためには，社外と社内のさまざまな関係者と上手くお付き合いができないといけません。相手の立場を理解しつつ当事者として物事を推し進め，結果を出しにいく力です。一方的に正論を押し付けるのではなく，「確かにそういう考え方もありますよね」，「このお立場であればこう考えますよね」というやり取りから応援や協力を引き出し，実行に移すためには視野の広さ，柔軟性，推進力や突破力とさまざまな人間力が求められます。

——CFOを目指す方へのメッセージを。

CFOを目指す会計士は沢山おられますが，実際にその立場にたどり着くのはひと握りだけという険しい道です。数人しかいないスタートアップでCFOと名乗ることだけなら簡単ですがそういうご質問ではないですよね。CFOを本気で目指すのであれば心から応援したいと思います。とても大きなやり甲斐がありますし，経済的な面での魅力も大きいです。

CFOとしてのキャリアを目指しても，必ずしも思ったとおりにはいかないで

しょう。さまざまな躓きがあってもそれを「失敗」だと思わず，未来のための「学び」だと受け止め真摯に突き進んでいってほしいと思います。私の周りにも大活躍されている会計士CFOが何人もおられますが，皆さん紆余曲折の人生です。活躍しているといえる状況となるほんの少し前までは，苦難・ピンチばかりだったという方も多いです。そこで諦めるか踏ん張るかが分かれ道だと思います。

第4章

事業会社への転職を成功させるには

01 組織内会計士の適性

当たり前になった組織内会計士

　2010年以降，大手監査法人が早期退職制度を始めたときから，事業会社に転職する会計士が増えました。「組織内（企業内）会計士」と呼ばれ，現在では**監査法人からの転職先の約４割が事業会社**（会計士白書調べ）です。さまざまな業界や職種，職位で，会計士として監査法人在職中に得た知見を活かして活躍しています。

　本章では，公認会計士試験合格者の約９割がファーストステップとして監査法人に勤務している実態を鑑みて，監査法人での勤務経験がある会計士が事業会社に転職したいと考える場合を前提に述べていきたいと思います。

　事業会社と一口にいっても，上場企業（東証一部，二部），上場企業（新興市場），IPO準備企業などのステージがあり，それぞれ転職には適性があります。

上場企業（東証一部，二部）

　東証一部，二部に上場するような大規模な会社には，その道20年といったベテラン，場合によっては30年といった大ベテランが存在しています。会計士は**平社員（スタッフクラス）**または**係長クラス**からのスタートとなることが多いです。

　仕事について丁寧に教えてもらえる会社も多く，福利厚生や退職金制度が充実しているので，安定を重視するタイプにはおすすめです。

　ただ，ベテランを前に，自分が事業会社においていかに無力であるかを思い知らされて会計士としてのプライドはズタズタになります。プライドを捨て去る覚悟は持たなければなりません。また，昇進していくにも時間がかかり，自分ができる仕事の幅もすぐには広がらないため，当然にしてキャリアの幅の広がりは他の新興市場以下の規模の会社に転職する場合と比べて遅くなります。**腰を据える覚悟**が必要です。

上場企業（新興市場）

　上場して間もない比較的規模の小さい会社に転職する場合，**部長・課長クラス**からキャリアをスタートさせることができます。

　事業会社での仕事について，今までの経験をベースに推測しながら実務経験を通して学んでいければよいという考えであれば，この規模の会社がおすすめです。また，適度に責任の重い仕事を早々に任されるのでやりがいも感じられやすいでしょう。一方で，まだまだ上場したばかりであるため，充実した福利厚生や退職金制度は望めないことが多い点は留意しておいたほうがよいです。

　新興市場のベンチャー企業の規模の場合，事業会社未経験の会計士が最初から高い職位で入社できる可能性は十分にあります。

IPO準備企業

　IPO準備企業に転職する場合，各部署では慢性的に人手が足らず，ベテラン勢もいないことが多いです。また，上場企業ではないことから優秀な人材が集まりにくい環境であることが多いです。そのため，あなたが初めて事業会社に転職する場合であっても，**部長クラス**からキャリアをスタートさせることもできる可能性があります。

　監査法人に入社後4，5年でIPO準備企業に対する監査業務全体の流れ

を掴んでいて，平易なレベルの「新規上場申請のための有価証券報告書」（「Ⅰの部」および「Ⅱの部」）のすべてを自分でほぼ作成できるレベル（外部協力者を使って適切にコンタクトを取りながら一緒に作成できるレベル）になっていれば，**役員クラス**も充分に狙いにいけるでしょう。

　IPO準備企業への転職にあたっては，IPOできなかったらその先のキャリアはどうなってしまうのだろうかと不安に思われる方も多いです。実際に，1社目でうまくIPOできたケースが多いわけではなく，2社目や3社目でやっとできたというケースも多いことは知っておきましょう。1社目でIPOできなければ失敗だと思っている人もいますが，そのようなことは全くありません。うまくいかなかった1社目での経験を活かして頑張れば，2度目，3度目のチャンスはやってくるものです。

コラム　　IPO準備企業等への転職と経営者の年齢

　IPO準備企業等に転職し，CFOポジションを志望するとしたら，経営者（≒創業者）の年齢によっては，会社に入りづらい場合もあります。

　経営者は，一緒に会社を成長させる仲間としてCFO（または管理部長）を迎えるとき，自分の年齢に近い人を選ぶ傾向にあります。そのため，経営者が35歳くらいだと，CFOは30代前半までしか受け入れてもらえないことが多いです。35歳以上だと価値観が合わないと思われるようです。

　一方で，経営者が50歳くらいだと，CFOが30歳くらいでは若すぎるとして採用を見送ることが多いです。この場合，40歳以上でないと経験不足と判断されることが多いです。

02 事業会社に転職する

事業会社が求職者を見るポイント

　事業会社とそれ以外の会社（ここでは主にプロフェッショナル系の会社を想定）では，あなたがどのような業務に関わってきたのかについて知りたいという点では共通します。しかし，どのような業界・規模のクライアントに関わったかについては基本的には事業会社では重要視されません。

　たとえば，不動産業界の事業会社への転職を想定しているとき，その不動産会社の採用担当者に対してあなたが監査法人で製造業，アパレル業，金融業に関わっていて，それらの業界理解があることをいくら職務経歴書でアピールしても好印象を与えることは難しいです。

　採用担当者が知りたいのは，あなたが仲間として一緒に働くイメージです。実際に仕事に対してどのように関わってきたかをエピソード仕立てで書くほうがよいでしょう。

　特に以下を意識して記載すると好印象を与えられます。

---

① 　能動的かつ積極的に関わっていること
② 　仲間を巻き込んで仕事を推進していったこと

---

①　能動的かつ積極的に関わっていること

　まず，事業会社にとって指示待ち人間は基本的に不要です。ましてや会計士採用となると基本的には管理職（または管理職候補）としての採用に

なりますので，その片鱗があっては困ります。

②　仲間を巻きこんで仕事を推進していったこと

　また，仕事は基本的に1人ではできないので，仲間とコミュニケーションを図りながらやっていく必要があります。会計士にはコミュニケーション能力があまり高くない人が多いため，採用側はその点を気にします。

コラム　事業会社転職と配属先の年齢構成

　たとえば，あなたが35歳である事業会社の経理部長として入社し，部下となる経理課長が45歳と年上だった場合を想像してみてください。あなたが経理部長でいるかぎり，その課長はほぼ確実に昇進できません。会社に定年制度があっても，あなたのほうが若いので，あなたがいるかぎり昇進のチャンスはないのです。報酬もほとんど上がらないし，業務の幅も広がらない。そのため，課長より若いあなたを採用することは，課長のモチベーションを一気に下げるおそれがあり，採用が見送られることもあるのです。

　もちろん，これは課長の性格，採用企業の社風や採用方針にもよりますが，転職にあたっては，タイミングやご縁がどうしても関係してくるのです。

---

03 理想的な職務経歴書とは

　事業会社に対して好印象を与えられる理想的な職務経歴書は，02で挙げたポイントを満たしたエピソードが入っているものです。本節では実際の具体例を2つ提示したいと思います。体裁や作成ポイントなどをご確認いただけたらと思います。

職務経歴書

202X年12月1日
氏名　会計　一郎

（作成日付と氏名は忘れずに）

【職務要約】
・監査法人○○○
　主に上場会社（2社），会社法大会社（5社），公開準備会社（2社）に対する財務諸表監査および内部統制監査（J-SOX支援業務含む）に従事。また，公益法人（財団法人1社，学校法人1社）に対する監査に従事しました。
　監査業務を通じて，さまざまな業種業態の財務データ分析を行い，問題点の発見時には企業に助言・指導および対応策を提示していく能力が培われました。また，企業価値の評価業務を通じて，企業の事業の経済実態および事業戦略を短時間で見抜く能力が培われました。

・株式会社○○○
　財務部経理課の主任として，スタッフ3名のマネジメントを行っています。連結決算および開示業務の担当者として月次決算，年次決算のとりまとめや監査法人との折衝に従事しています。
　決算業務を通じて，経理課はもちろん財務部やその他部署とのやり取りやスケジューリングによる計画を策定し情報を共有する能力が培われました。

① 複数社を経験している場合には，会社ごとに分けて書いても，まとめて書いてもOKです。要約ですので端的に書きましょう。ただし，ここしか見ない採用企業もありますので，どんな能力・経験があるのかは書きましょう。
② 社外活動としてたとえば公認会計士協会の委員などをしている場合は，それも書きましょう。

1/3

【活かせる能力】
・会社の事業構造を分析・理解し，事業効率の向上につながる原価低減策を提言・推進する能力
・事業投資案件の正確な定量評価・定性評価を実施し，事業投資に対する的確な判断をする能力
・複数の業務を同時にやり遂げる能力
・経理業務（主に連結・開示まわり）および事務管理能力
・社内外との折衝によるコミュニケーションやスケジューリング能力

> 3〜5つほど挙げましょう。挙げたものについては，面接で聞かれたときに詳細に語れるように準備しておきましょう。

【職務経歴】
監査法人○○○　　　　　　　　　　　　　　　200X年12月〜201X年8月

> 明らかに大企業の場合には，あえて売上規模や従業員規模を書かなくても大丈夫です。

＜業務内容＞

> 端的に書きましょう。

主に財務諸表監査，内部統制監査（J-SOX支援業務を含む）に従事してきました。

> 仕事への積極的な姿勢を示せる一番アピールしやすい部分です。
> 具体的に書きましょう。
> ただし，専門的すぎると面接官は理解できませんので，少々語弊があってもよいのでわかりやすさを重視して書きましょう。

＜実績＞

・売上高の過大計上および棚卸資産の評価損率の適用方法誤りの発見

監査の過程において，棚卸資産に係る複数の会社提出資料を比較検討する中で，売上高の過大計上および評価損率の適用方法が誤っていることを発見しました。これらの原因分析を進めた結果，企業が採用している販売システムの一部にバグがあり売上が過大計上されていたこと，在庫システムの設定ロジックに誤りがあり評価損率の適用方法が誤っていたことを発見しました。これらによる影響金額は，単年度総額では約1,000万円であり企業全体へのインパクトは小さかったものの，私が発見するまでの複数年度累計で考えると数千万から1億円程度（推定）となりインパクトは大きく，また税金も過剰に支払われ続けていました。

・セール＆リースバック取引の会計処理方法誤りの発見

監査の過程において，セール＆リースバック取引のリース期間が満了した有形固定資産を購入した取引についての会社提出資料を検討したところ，取得資産について採用した耐用年数が誤っていたことに起因して減価償却費が過小計上されていることを発見しました。影響金額は約2,000万円程度であり，企業規模（売上高110億円，税前利益3億5,000万円）からインパクトは大きく，また税金の過剰な支払を防止することができました。

> 2頁以上にわたるときはページ番号を

2/3

> 数字を挙げることで，具体性を持たせられます。

株式会社○○○　　　　　　　　　　　　　　　　201X年9月～現在
<業務内容>
　主に連結決算および開示業務に従事しています。

<実績>
・会計監査対応マニュアルを作成し，監査法人の残業および質問を30％削減
　　監査法人での経験を活かして，会計監査での手続き内容を経理部内で共有し，提出資料のリスト化や事前分析の雛形作成，四半期決算時点から年度監査を見据えた証憑作成等のマニュアル化を経理メンバーを巻き込んで推進しました。これにより，前年に比べて監査法人の残業時間および監査時の質問を約30％削減できました。

・開示業務と日常業務を連動させる資料作成により，年度決算の開示業務を軽減
　　年度決算における開示の注記事項を日々の業務と関連づけ，時間のない年度決算の開示業務の負担を軽減しました。具体的には金融商品，関連当事者，賃貸等不動産の資料を月次や四半期決算でも作成することにより，年度決算の負担を軽減しました。

> 志望動機は書かなくても大丈夫ですが，書いておいたほうが好印象を与えられます。また，応募企業でなければならないという強い志望動機があればよいですが，現実的にはない場合が多いでしょう。その場合は，下記のように自分がどんなマインドで働きたいのかを書くとよいです。

【志望動機】
　これまで監査法人にて数多くの企業に関わってまいりました。その過程で，さまざまな業種業態の財務データ分析を行い，問題点を発見する力を身につけることができたと考えています。また，それを見過ごすことなく企業に助言・指導および対応策を提示していく能力も培うことができました。
　しかしながら，監査法人という立場であるがゆえに「助言・指導および対応策の提示」に留まってしまうことに物足りなさを感じるようになったことから，事業会社へ転職し，「助言・指導および対応策の提示」から「助言・指導および対応策の実践」へと変えていきました。しかし，現状に満足することなく常に学び続けて成長していき貴社に貢献したいと思っております。宜しくお願い申し上げます。

以上

> 末尾は「以上」で締めましょう。

職務経歴書

（氏名）　会計　太郎

１．職務経歴

期間	会社名・配属先等
200X年3月〜201X年12月	△△△監査法人　第△事業部（金融部）
201X年12月〜	△△△監査法人　中小企業事業部に出向（第99事業部と兼務）現在に至る

> 業務詳細で記載した内容をもとにして面接官は具体的なことについて質問してきます。記載内容に関するエピソードはすぐに話せるようにしっかり準備しておきましょう。

２．職務別業務内容

会社名・配属先等	業務概要	業務詳細
△△△監査法人 第99事業部 （資産運用）	会計監査業務	外資系大手から中堅の資産運用会社及びそれらが運用するファンド，及び国内系大手保険会社の子会社（クレジットカードの運営）の会計監査業務に従事。現場主査として，主にクライアントコミュニケーション，海外オフィスとのコミュニケーション，会計論点の整理，後輩の指導育成，予算管理及び勉強会講師等を担当。
	ファンド組成アドバイザリー業務	外資系大手資産運用会社における初の不動産私募REITの組成に関するアドバイザリー業務に従事。税務を含むファンドスキーム/ストラクチャーの検討や関連法規制の検討を担当。
	リスク管理アドバイザリー業務	国内系大手保険会社の子会社である資産運用会社に対してのFATCA対応アドバイザリー業務に従事。FATCA公開草案の内容の整理や資産運用会社に対して与える影響の分析を担当。
△△△監査法人 中小企業事業部	事業再生における財務デュー・デリジェンス及び事業デュー・デリジェンス業務	中堅・中小企業の事業再生局面における財務及び事業デュー・デリジェンス業務に従事。財務については正常収益力の把握から清算配当額の算出まで，事業についてはオペレーションの分析から経営課題の導出までの全工程を担当。業種についても製造業，建設業，飲食業，鉄鋼卸と幅広く経験。

事業計画策定支援業務	売上高1兆円から1億円までの大小様々な規模の事業計画策定支援業務に従事。経営戦略の策定から，経営改善施策の導出，実施施策のアクションプラン策定及びそれらの数値計画への落とし込み（詳細なプロジェクション作成）まで，事業・財務の両面からの計画策定支援を担当。
M&Aにおける財務デュー・デリジェンス業務	国内系大手銀行の対外投資にかかる財務デュー・デリジェンス業務に従事。買収先の主要事業拠点がロンドンにあったため，ロンドンオフィスとのコミュニケーションやロンドンオフィスの作業のレビューを担当。

> 採用企業の採用サイトや求人票，転職エージェントからの情報をもとに，採用企業が求めている能力や経験を推察して書くと良いです。
> 自分がアピールしたいことを書くのではなく，採用企業が求めていることを書くのがポイントとなります。

3．活かせる能力

事業投資先の将来像を見通す目	財務・事業デュー・デリジェンス業務及びその後の事業計画策定支援業務を通じて，対象会社の将来像を見通す目を培いました。すなわち，財務・事業デュー・デリジェンスにて会社の現状に対する定量的・定性的な評価を実施し，直面している課題を正確に見極めた上で事業計画を策定することで，会社の将来像を正確に事業計画に反映させる能力を習得しました。おこがましい次第ですが，私が担当したプロジェクトにて作成した事業計画は高い合理性と説得性があり，会社の将来像が非常にクリアになっていると，対象会社様のみならず，銀行様を筆頭とした関係者の皆様から大変好評を頂いておりました。この経験で得た能力は，貴社でのM&A関連業務に強く貢献することが可能と考えています。
プロジェクト・マネジメント能力	会計監査業務においては，およそ3年ほど複数社の現場主査を務めました。現場主査の業務範囲は監査契約の締結準備から，監査完了時の書類保全作業まで，非常に多岐にわたります。膨大な作業をミスなく実施するため，プロジェクトの全体像を把握した上で，詳細な作業スケジュールと進捗管理表を作成し，個々のメンバーとほぼ毎日コミュニケーションを取りながらプロジェクトを遂行しました。それにより，ミスがないだけでなく，プロジェクトの利益率を大きく上昇させることに成功しました。結果として，人事評価で最上位のグレードを頂戴するなど，私のマネジメント能力は社内でも高く評価されました。貴社においても，プロジェクトの運営を通じて，私のプロジェクト・マネジメント能力を発揮することが可能と考えています。

2/3

65

英語でのコミュニケーション能力	担当クライアントの多くが外資系企業のため，プロジェクト期間中は海外から派遣された上司及び他国のオフィスの同僚と日々英語にてコミュニケーションを取っています。また，海外からの指示に基づき実施する監査業務については，全ての文書を英語で作成し，報告しています。このような状況で日々業務を実施しているため，英語力については十分な業務レベルを有していると感じています。メールを含む文書レベルについては，ネイティブの上司からもわかりやすいと言われるなど，かなり高いレベルにあると考えています。また，口頭でのコミュニケーションについても，FSIテストにおいて2.1を取得するなど，通常のオフィスコミュニケーションには何ら問題はないレベルと考えています。

3/3

66

04 事業会社へ転職後，うまくいく人のポイント

部下の成長を促せるか

　ほとんどの会計士は要領がよくて基礎能力が高いです。ただ，その分，自分で仕事を抱えてしまいがちです。たしかに目先のことだけを考えると仕事が早く終わるかもしれませんが，それでは部下が成長しません。

　「できない部下を持つと大変だ」と不平不満を漏らすのではなく，「できない部下」を作り出しているのは実は自分なのだと意識すべきでしょう。ただし，任せるとしても「仕事の丸投げ」はいけません。

　監査法人では，①基本的には前期調書があるために仕事のゴールが明確である，②仕事を任せるほとんど全員が会計士であり一定以上の知識や能力がすでにあるため放っておいても自分なりに調べて仕事をこなすという前提がありました。しかし，事業会社ではその前提がありません。任せる側としては任せる相手のレベルに合わせたうえで，成果物のゴール目標を明確化してイメージを共有する必要があるでしょう。

　そうすることで部下のモチベーションアップ，パフォーマンス向上につながり，それがあなたのチームの活躍につながります。

他部署と積極的にコミュニケーションを図ろう

　事業会社において成功するには，他部署の仲間を巻き込んでプロジェクトを回していけるような推進力が必要です。普段から積極的にコミュニケーションを取って仲間を巻き込める力をつけておきましょう。

他の人が嫌がる仕事こそ積極的に引き受ける

　採用の人事担当者と話をすると，「会計士の先生は泥臭い仕事ってできるんですか」とよくいわれます。会計士は泥臭い地味な仕事はやりたがらないだろうと思われているのです。それゆえ，事業会社では，みんなが嫌がるような泥臭くて地味な仕事を引き受けることで，信頼を積み重ねていけるでしょう。

なりたいのはゼネラリストかスペシャリストか

　事業会社においては，人材をゼネラリストとスペシャリストに分けて採用することがあります。ゼネラリストとしてトップまで上り詰めるとCFO（または管理本部長）になるわけですが，それだけがキャリアの積み方ではありません。スペシャリストとして働く道もあります。

　スペシャリストとして働く場合は，役職はあまり関係なく業務に特化することになります。具体的には，経理関連（連結業務，開示業務，税務業務などに特化）や内部監査等があります。部下をマネジメントしながらプロジェクトを推進していくよりも，スペシャリストとしてプロジェクトに関わるほうが性に合っているとお考えの場合には，スペシャリストとしてキャリアを積む選択肢を選んだほうがよいこともあります。

インタビュー④ ブリヂストンの企業内会計士に

横井　智哉（株式会社ブリヂストン）

中央大学法学部法律学科卒業後，2009年公認会計士試験合格。2009年有限責任監査法人トーマツ入所，2015株式会社ブリヂストン入社。

──転職するまでは？

公認会計士としての最初のキャリアは監査法人トーマツの名古屋事務所でした。中部地方という地域柄か，自動車関連産業を筆頭にモノづくりというベーシックな業態のクライアントとお仕事をする機会が多く，自分の中でのいわばモデルケースについて，製造業を基準に構築することができました。会社法監査の主査業務を1事業年度終えた頃にトーマツを退職し，現在の勤務先であるブリヂストンに転職しました。

──事業会社に行った理由は？

上場企業の企業内会計士になったのは，アドバイザーという立場でなく，当事者として地に足をつけて事業を推進してみたかったからです。

──現在の仕事は？

私が現在所属するグローバル連結業績管理部という部署は，ブリヂストンの連結ベースでの管理会計に関するとりまとめ部隊です。世界中のグループ会社とコ

ミュニケーションを取りながら予算編成・管理を行い，経営層に全社および各事業部門の業績を報告し，改善・成長に向けた財務面からの提言を行っています。連結売上収益3兆円，従業員約14万人からなる大所帯のビジネスが動いていくダイナミズムを肌で感じています。

──企業内会計士はどうですか？

とても充実しています。会計士のキャリアパスとして「企業内会計士」がより一般的に，より魅力的な選択肢として浸透していけば嬉しいです。

──今後やりたいことは？

今後は，トーマツやブリヂストンでの経験で得た財務の知識をベースに，財務ゼネラリストとしてスキルアップして当社グループに貢献していきたいと考えています。現所属の後は，国内外グループ会社への駐在や本社財務関連領域（経営企画や資金・IR）等でさらに幅広く経験を積み，経営者目線を踏まえた財務スキルを培っていきたいと思います。

インタビュー⑤ 「中の人」は面白い

大野　聡子（アライドアーキテクツ株式会社　経営企画室長兼コーポレート本部長）

1998年朝日監査法人（現 有限責任あずさ監査法人）入社。2002年長女出産。2004年仕事復帰。2014年ピクスタ株式会社常勤監査役就任。2019年アライドアーキテクツ株式会社経営企画室長就任。2020年経営企画室長兼コーポレート本部長就任。

――**事業会社に転職した理由は？**

　育休や時短などの制度はかろうじてあったものの，育児をしながら働くことに対する世の中の理解も今よりずっと低かった時代にワーキングマザーとなり，加えてリーマンショックなどの時代の変化もあり，なかなか思うようなキャリアを築くことができず，監査法人時代は葛藤と諦めの日々でした。しかし，転職後は納得して選択してキャリアを歩んでいるという実感があり，大変なことがあっても自分で決めたことだからと仕事を前向きにとらえられるようになりました。

――**キャリアを歩む実感。**

　ベンチャー企業の監査役というポジションに就き，入社後1年で東証の鐘を鳴らす機会に恵まれ，M&Aも当事者として検討段階からPMIまで経験，そして会社のマネジメントの楽しさと難しさを経験させていただき，充実した4年半を過ごしました。

――**現在は？**

　今は，マザーズ上場会社で経営企画室長兼コーポレート本部長をしています。管理会計と財務会計の両方の責任者というポジションです。正直なところ，管理会計と財務会計の両方を見るのはなかなか大変ですが，「中の人」になって，会社を数字の面から全部見て，経営陣の一番近くで会社を見ているので，ものすごくやりがいは感じます。「会社は生き物」というのを心底実感しています。

――**事業会社に行く方へのメッセージを。**

　キャリアを形成するうえで，一番肝になってくるのはやはり「人」ではないかと思っています。特に会計士業界は非常に狭く，1人挟むと大抵共通の知り合いにつながる状態ですので，それを活かしてさまざまなキャリアを持つ会計士に会い，話を聞きに行き，相談してみることをおすすめします。同じバックグラウンドを持ち，同じ言語で話せて，守秘義務を守ることができ，しかも客観的にアドバイスをもらえることが多いとなると，これを活用しない手はないと思います。

70

インタビュー⑥ 仮想通貨のコインチェックへ

竹ケ原　圭吾（コインチェック株式会社執行役員）

2013年有限責任監査法人トーマツ入所，2018年コインチェック株式会社入社。システム開発部のグループリーダー，経理財務部長を経て，現在は執行役員。

——青森の農家出身。

　18歳で上京するまで，青森で過ごしました。幼少期から実家で営む農業を手伝い「野菜を育てて売る」というビジネスモデルに触れていました。将来的には自分で事業をしたいという気持ちもあり，大学で簿記を学ぶことにしました。それが案外ハマり，会計士になりました。

——合格後，監査法人に。

　監査や上場支援業務では，トラブルが頻繁にあり，対応力や意思決定力が鍛えられましたね。監査主任として，クライアントとの報酬の交渉，損益管理も含めたチームマネジメントも経験しました。

——事業会社に行った理由は。

　きっかけは当時のCFOに声をかけてもらったことです。コインチェックは国内最大の仮想通貨取引所であり，さまざまな困難を乗り越えてきた非常にタフな会社でした。社内には創業者が掲げるテクノロジードリブン・ユーザーファーストの文化が根付いていて，非常にポテンシャルがあると確信しました。

——入社時はシステム開発部に。

　システム開発部のリーダーとして，仮想通貨交換業という新規の業種の会計の要件定義や内部統制構築等を行いました。今までと全く異なる環境でした。

　現在は執行役員として経理財務と人事を管掌しています。新規サービスや事業のスキーム構築等のフロントサポートから人事戦略の一環として会社のカルチャー浸透を図るなど，幅広い仕事をしています。また，仮想通貨に関する会計基準策定，税制改正に向けた取り組みなど業界のルールメイキングにも関与しています。

——事業会社に行く方へのメッセージを。

　特別なスキルはなく，フットワークが軽いのが私の強みです。頼み事はすぐ聞くし，すぐ行動する。非常に環境の変化が激しい業界なので，そのスタンスでないとついていけないと思っています。

　会計士の資格があると，自分自身も世間からもバイアスがついかかりがちです。そこから自由になると，案外別のところでパフォーマンスを発揮できることもあります。資格にとらわれずに挑戦することも大事だと思います。

インタビュー⑦ IPO準備企業へ

佐藤　建史（ペットゴー株式会社経営企画部執行役員）

2007年会計士試験合格後，新日本監査法人東京事務所に入社。東日本大震災を契機に福島事務所への転勤を希望し，地域復興等の業務にも従事。2015年新日本監査法人を退社し，ジャパンビジネスアシュアランス株式会社に入社。2017年トライオン株式会社に入社。2019年ペットゴー株式会社に入社。

──大震災で考えが変わった。

大学3年次に会計士試験に合格後，深く考えずに大手監査法人に入りました。

2011年の東日本大震災を契機に，地元の状況を聞き自分でもできることがあるのではないかと思い，福島事務所へ転勤。3年間でしたが，地元企業の復興にも協力し，ある程度の充実感を得ていました。ただ，監査法人とクライアント先には若干の壁があり，もう少しクライアントに近い立場で仕事をしたいと感じたことで転職を決意しました。

──その後，事業会社へ。

クライアントに寄り添って事業を行っている会社ということでジャパンビジネスアシュアランス株式会社を選択し入社。会計アウトソーシングを請け負っていたこともあり，徐々に事業会社への思いが強くなり，大企業ではなく，企業の成長に貢献するためベンチャー企業を選択しました。

現在は企業に所属しており経理部門を統括しながら，予算管理および内部管理の構築等の業務に従事しています。会社の業績を表すものは数字です。その数字にどのような意味があるかを分析しながら，社内・社外にわかりやすく説明をすることが必要です。分析，説明を行うには背景を正確に理解することが重要であり，監査法人での経験が大きく活かされています。

──監査法人で培われた能力が活きる。

個人的には，細かいアラートを感じ取ることができるのは数字を管理している者だと考えています。そのため，時には経営陣に対立した意見をいうことが必要な場合もあります。それはすべて会社を思ってのことです。数字は本質を物語っていると考えています。

──事業会社に行く方へのメッセージを。

現状を洗い出してみるのがよいと思います。その場合には転職エージェントを活用することは有用だと思うし，自らの価値についても知ることができます。目標が決まっていないのなら現在の業務に没頭してみることも1つの選択肢です。そこから何をしたいのかが見えてくることもあるのではないでしょうか。

第 5 章

コンサルへの転職を成功させるには

01 会計士が転職できるコンサルの分類

志望先にマッチした経歴があるか否か

　事業会社の場合と違って，コンサル会社の採用担当者は，会計士が今までに関わってきたクライアントの業界・規模についての関心が高いです。関与した業界や規模を知ることにより，採用後のアサインがイメージできるからです。**職務経歴書には関わってきた業界や会社規模について示しておくべきでしょう。**

　ただ，コンサル業務（アドバイザリー業務も含む）といっても，その範囲はかなり広いです。志望先にマッチした経歴があるかが問題となります。志望する前に，こちらもコンサルの分類についてよく理解しておく必要があります。会計士の転職先として挙げられることが多いのが次の3つです。

3つのコンサル

会計コンサル	具体的には，IFRS導入支援，経理業務体制の再構築，決算早期化支援，新規株式公開（IPO）支援，決算開示資料作成支援，内部統制構築支援など
ファイナンシャル・アドバイザリー・サービス（FAS）	具体的には，主にM&Aアドバイザリーや事業再生アドバイザリーなど。M&Aアドバイザリーは，業務特性からFA業務（ファイナンシャル・アドバイザリー）とTS業務（トランザクションサービス）とに区分されることも多く，TS業務の中に財務DD（デュー・デリジェンス）やバリュエーション（企業価値評価），PPA（無形資産評価）がある。
戦略コンサル	企業が抱える経営課題の解決のために戦略策定やアドバイスをしていく。企業全体の経営課題に関わるものから，企業の現場のオペレーション改善に至るまでその範囲は多岐にわたる。具体的には，中長期経営戦略やM&A戦略，マーケティング戦略，新規事業参入のアドバイス，事業DD（デュー・デリジェンス）など

02 会計コンサルに転職する

転職のハードルは低め

　まず，会計コンサルは監査法人での経験を活かしやすいことから，監査法人での勤務経験がある人であれば比較的容易に転職できます。もちろん転職時点でのあなた自身の年齢と経験のバランスや業界の景気動向にもよりますが，きちんと自己分析をしたうえで面接に挑めば，よほど社風に合わないとの印象を相手に与えない限りは入社できることが多いです。

会計コンサルでの働き方

　所属する会社の規模にもよりますが，基本的には監査法人と同じでクライアントごとにアサインされます。アサインのされ方には2つのパターンがあります。

　まず，監査法人と同じようにプロジェクトベースでアサイン先の事業会社に行ったり，自社内で作業したりするパターンです。1年の間にさまざまなクライアントを担当して支援していきます。

　もうひとつは，常駐型（ハンズオン）です。年単位でアサイン先の事業会社に常駐してサービスを提供していきます。常駐していますし，ケースによってはその会社の名刺を持って対外的にコミュニケーションを図ったりします。

03 FASに転職する

FASの分類

　ファイナンシャル・アドバイザリー・サービス（以下，FAS）と一口にいっても，以下のように分類されます。

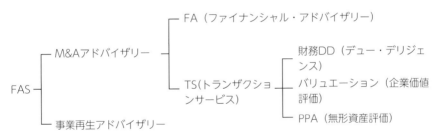

FA

　ファイナンシャル・アドバイザリー（以下，FA）とは，M&A案件の組成・発掘といったオリジネーションから，ストラクチャリング，DDアレンジメント，バリュエーション（企業価値評価），条件交渉，契約締結（クロージング）までのすべての工程において助言を実施し，案件全般の差配を行う業務をいいます。大型案件（買収金額が数百億円以上）は主に投資銀行がメインプレイヤーですが，中規模案件以下では，大手監査法人系のFAS，独立系M&Aアドバイザリー会社が手掛けるケースも多いです。

TS

それに対し，トランザクションサービス（以下，TS）は，大きく分けると①財務DD（デュー・デリジェンス），②バリュエーション（企業価値評価），③PPA（無形資産評価）の３つに分けられます。

① 財務DD（デュー・デリジェンス）

　会計士が主に担当するのは財務DDとなります。

　買収対象会社のBS，PL，資金繰りなどをチェックしてM&A検討に影響を及ぼす財務面のリスクを分析します。監査との大きな違いは，クライアントの意思決定目的であるため，決まりきった規準はなく，案件の特性やクライアントニーズに応じてオーダーメイドに業務内容を設計する必要があることでしょう。また，監査のように年間を通して手続きを実施するのではなく，限られた調査期間（通常は１カ月程度）でスピーディーに対象会社のビジネスを含めて理解をすることが求められます。

　DD発見事項は，バリュエーションや株式譲渡契約書へ反映することはもちろん，リスク内容に応じて，ストラクチャーの変更提案や案件自体のストップを助言することもあります。

　なお，事業DDが主に将来の事業計画について分析していくのに対して，財務DDでは主に過去情報について分析していくことから，会計士が監査業務で培った経験や能力が活かされます。また，税務DDをセットで実施することも多いので，監査で税務関連の監査経験があるとなおよいです。したがって，監査経験のみの会計士がFASへ転職する際は，まず財務DDから経験値を積むことが多いでしょう。

② バリュエーション（企業価値評価）

　バリュエーションとは，買収対象会社の事業価値や株式価値などを算定する業務です。FA業務にはバリュエーションの知識が不可欠であるため，財務DDを経験した会計士が，FASへ転職する際には，バリュエーションの実務経験があるとプラスになります。

③　PPA（無形資産評価）

　PPA（Purchase Price Allocation：取得原価の配分に伴う無形資産評価）とは，一般的にはM&A完了後に行われる会計目的の手続きです。バリュエーションの知識や実務経験が必要なので監査法人経験のみでは厳しいものの，インチャージ経験があれば監査側の審査などの検討プロセスの理解ができているはずなのでバリュエーションの知識習得を進めれば比較的馴染みやすいでしょう。

　クライアントと無形資産の評価ロジックを固めたうえで，レポート作成をして監査対応まで実施します。ここ数年で無形資産評価に関する監査対応が厳しくなったこともあり，基本的にはクライアント側は慣れていないことも多いため，こちら側でリードして進める必要があります。監査手続の中で実施される監査法人系FASによる専門家レビュー対応をする中でクライアント側の主張をいかにロジカルに押し通せるか，といったソフトスキルもかなり求められてくるでしょう。

事業再生アドバイザリー

　長期にわたる業績不振により過大な債務を抱えたり，資金が枯渇する寸前の状態の経営難に陥った会社を，経営戦略や財務的な観点から再生させたりします。大手監査法人系FAS会社が行う事業再生アドバイザリーは，主に財務的な観点のものとなります。

　一方，中堅以下のFAS会社の中には事業再生の対象会社に常駐して，経営戦略にまで深く携わるところもあります。

　事業再生のアドバイザリーが必要なステージにまで来ている会社は，そもそも資金がないことから報酬も回収しづらく，再生までに時間もかかりますし，またリストラも必要になってくる場合も多く社内の雰囲気としてはかなりピリついた状況になるでしょう。そのため，タフな体力はもちろ

んのこと強靭な精神力を持ち合わせていないと，自分自身が追い込まれてしまうので注意が必要です。

　ただし，この厳しい局面を打開して再生を果たした際には何事にも代えがたいやりがいを感じられるでしょうし，その後，事業会社に行ってもそこでの経験が活きてくるでしょう。

FASと会計士の親和性

　FASは監査法人で学んだことをベースにできることが多いため，比較的転職はしやすいでしょう。ただし，大手監査法人系と中堅以下とでは業務範囲の幅が異なります。

　大手監査法人系は案件規模が大きく複雑な取引が多いことから，FAとTSのみならず，TSにおいても財務DDやバリュエーションなどの業務ごとに部門が縦割りになっています。特定業務の専門性は高まりますが，一連の業務の流れを押さえることはできません。

　年収はやはり大手監査法人系のほうがよい傾向です。

　それに対し，中堅以下のFASであれば，よりクライアントに近い立場で，中小規模のM&A案件をFA，TS問わず一気通貫でサポートする醍醐味を味わえます。

　つまり，FASへの転職を考える際は，漠然とM&Aに携わりたいという考えだけではなく，**なぜFASなのか**，FASといっても**具体的に何をやりたいか**を明確にしないと，入社後のミスマッチが起きかねません。

FASでの働き方

　所属する会社組織の規模や案件規模によってアサインの仕方は変わって

きますが，基本的には顧客ニーズの把握のための打ち合わせ，提案，キックオフ，インタビュー，報告会のタイミング以外ではクライアント先のオフィスで仕事をすることはあまりありません。

　2021年現在は，新型コロナウイルス感染症の影響もあってテレワークになっていて自宅でお仕事をされている方も多いようです。

04 戦略コンサルに転職する

入社のハードルは高い

　企業が抱える経営課題の解決のために戦略策定やアドバイスをしていくのが戦略コンサルですが，企業全体の経営課題に関わるものから，企業の現場のオペレーション改善に至るまでその範囲は多岐にわたります。

　戦略コンサルは，とにかく入社ハードルがかなり高いです。筆記試験やケース面接などもレベルが高く，時間をしっかりかけて対策を練らなくてはいけません。

　実際に監査法人から戦略コンサルに転職している人たちの動きを見ていると，監査法人に早々に見切りをつけて25歳までに入社しているケースと，30歳になるまでの間にMBAを取得し，インターンシップで戦略コンサルタントとして働いたうえで入社しているケースが多いです。

　戦略コンサルへの転職を考えられている場合はすぐに行動しましょう。それは監査法人での経験があればあるほど，戦略コンサルの仕事の仕方に慣れるのに時間がかかってしまうからです。

監査法人での経験は役立たない

　監査法人で培ってきた能力や経験はほとんど通用しません。ロジカルシンキングや仮説思考，ゼロベース思考などの頭の使い方が求められ，市場・顧客リサーチ，モデリング，パワーポイント資料作成など未経験の業務が中心となります。

　たしかに事業DDにおける事業計画分析のような財務コンサルの要素が

ある場合は別ですが，それ以外で役立つことは少ないです。

　実際に入社してからは，毎日のようにハードな仕事と先輩からのダメ出しをもらって，**今までの仕事の進め方自体を一旦白紙状態に戻していき，**そのうえで**戦略コンサルをする上での思考法や仕事の進め方など**を学んでいくことになります。

コラム　存在する30歳の壁

　戦略コンサルを希望する場合は，前述のとおり30歳が壁となります。一人前に鍛えるにあたり，それまでの経験やプライドを捨てさせて白紙状態にし，自社のノウハウを叩きこむ必要があるためです。

　会計士に限らず，多くの社会人は，30歳を超えると，自分なりの仕事の取り組み方を確立させ，また部下にも指導する立場になります。そして，それなりのプライドを持ち合わせてきます。

　中途で会計士を採用する場合は，今までの仕事のやり方やプライドを捨てさせる必要があるので，一人前にするまでに時間がかかります。それゆえ「若さ」が求められるのです。

　転職した会計士と話すと，「会計士は基本的に過去の情報が正しいかを判断する仕事，コンサルは主に現状，そして将来に目を向けて経営課題を解決する仕事。そもそもの視点が違うので，仕事のやり方も違ってくる」と言います。

　また，人事担当者は，「監査法人から転職してくる会計士の多くが監査法人での仕事のやり方から抜け出せず苦労する」と話します。

05 理想的な職務経歴書とは

関わってきたクライアントの業界や会社規模を示す

　コンサル会社では，さまざまな業界，会社規模のクライアントにサービス提供をしていきます。また，会社によってさまざまなサービスラインがあります。

　そのため，応募するにあたっては自分がどのようなクライアントに関わってきたのか，またどのようなサービス提供をしてきた経験があるのかを示すことが重要です。具体的には次のような情報を挙げておくと喜ばれます（ちなみに守秘義務の観点からクライアント名については明記しないのが原則です）。

- 関与してきたクライアントの業界
- クライアントの会社規模（売上高，従業員数など）
- サービス内容（財務諸表監査，内部統制監査，IPO準備支援，内部統制構築支援など）

　第4章03で提示した理想的な職務経歴書と注意すべき点は同じですが，それに合わせて上記のポイントを加味してあげるとよいでしょう。ここでも実際の具体例を示したいと思います。

職務経歴書

作成日付と氏名は忘れずに

202X年12月1日現在

氏名　会計　次郎

職務要約

　□□□監査法人入社時から6年間は主に情報サービス業および機械メーカーの上場企業をメインクライアントとして監査業務に従事してきました。そのうち後半の3年間は，情報サービス業の子会社の現場責任者を担当しました。その後，現在までの5年間は消費財メーカーの上場企業を担当しています。また，IPO準備企業2社における現場責任者として，監査計画の策定，チームメンバーへの業務の配分，進捗管理，クライアントからの相談対応等を行っています。

簡潔明瞭に記載しましょう。主に関与した業界，業務内容，現場責任者（インチャージ）経験も忘れずに。

職務経歴

□□□監査法人（200X年4月～現在）
- 事業内容：監査や各種証明業務，財務関連アドバイザリーサービスなど
- 資本金：X,000百万円（202X年6月末時点）
- 業務収入（＝売上高）：100,XXX百万円（同）
- 従業員数：5,XXX名（同）

1．業務内容

　金融商品取引法に基づく財務諸表監査及び内部統制監査，四半期レビュー，会社法監査，IT監査業務。監査勘定科目は一通り担当済み。現場責任者としてチームをまとめあげて期限までにタスクを完遂した。

コンサル会社では，どんな業界を経験してきたかも知りたい情報なので書きましょう。

2．担当会社の概要

期間	クライアント業種	売上高従業員数	ポイント
200X年4月～201X年6月	情報サービス業（東証1部）	約3,XXX億円 約1,XXX名	＜実績＞四半期報告制度及び内部統制報告制度が導入されて間もなく，クライアントからの相談が多い状況だったが，チームメンバーと協力して，大きな問題が発生することなく適時適切に対応できた。また，当初は監査手続についても

クライアント名は伏せましょう。売上高や従業員数等は大体で構いません。（細かく記載するとクライアント名がバレるので）

1/4

期間	クライアント 業種	売上高 従業員数	ポイント
			試行錯誤な部分もあったが，チーム内で積極的に見直しを実施して効率化・充実化を図ることができた。 自分がマネジメントしていたメンバーの数も記載すると尚良しです。 ＜メンバー規模／役割＞ 15名／スタッフ～シニアスタッフ
200X年4月 ～201X年6月	機械メーカー （東証1部）	約1,XXX億円 約1,XXX名	＜実績＞ 新規クライアントだったため前年度以前の監査調書がない状況下で，適宜クライアントに会計処理や内部統制をヒアリングして監査手続を構築し円滑に監査業務を推進した。 ＜メンバー規模／役割＞ 10名／スタッフ～シニアスタッフ
200X年12月 ～201X年6月	情報サービス業（非公開）	約2XX億円 約2XX名	＜実績＞ 現場責任者として10名程度のチームマネジメントを実施。前年度と同じ監査作業に留まらず，毎期監査手続の見直しを図り，重要性の高い領域は手続を充実させる一方，重要性の低い領域は簡素化し手続にメリハリをつけた。これにより監査工数を年間10％削減することを達成した。 ＜メンバー規模／役割＞ 10名／シニアスタッフ（現場責任者）
201X年7月 ～現在	消費財メーカー （東証1部）	約1兆円 約2X,XXX名	＜実績＞ クライアントが基幹システムを期中に変更した影響で，IT監査部を巻き込んで内部統制を全体的に評価しなおす事態が発生した。その状況下において，諸事情により現場責任者が不在であったため，全プロセスのヒアリングを担当することになった。クライアント側も役員まで関与する重要な手続となったが，手続全体を通じてリーダーシップを発揮し，業務を完遂した。この経験を通じて，社内評価にて現場責任者としての業務遂行能力を評価された。 ＜メンバー規模／役割＞ 10名／マネジャー

期間	クライアント業種	売上高従業員数	ポイント
201X年2月～現在	情報サービス業（IPO準備企業）	（1社目）約5億円約30名（2社目）約30億円約90名	＜実績＞①内部統制を始めとする社内の業務フロー（適切な職務分掌，決算の早期化フロー等）が適切に構築されていない状況下で，上場企業監査での経験を活かして，業務フローに対する課題の洗い出しと改善策を提案した。その結果，クライアントの業務フローは劇的に改善し，株式上場に耐えうる体制作りに貢献することができた。②ショートレビュー業務において，主にビジネス構造の理解や業務フローの可視化を担当。5日間というタイトなスケジュールの中で，ビジネスモデル，企業環境やビジネス上のリスク等を的確に理解・分析し，クライアントの現状の課題とその改善案を提言した。＜メンバー規模／役割＞10名／マネジャー（現場責任者）

※上記のほか，アパレル，不動産，広告代理店といった業界のクライアントに対する監査関連業務に従事。

関与したすべてのクライアントを表に挙げると多くなりすぎて見づらくなるため，主な関与先のみを挙げましょう。ただし，コンサル会社では，どんな業界を経験してきたかも知りたい情報ですので，補足情報として関与した業界を示すと良いでしょう。

自己PR

「自己PR」欄ではありますが，自分がPRしたい点ではなくて，採用企業がプラス評価してくれる点を挙げると良いでしょう。具体的には，自分の仕事に向き合う能動的で積極的な姿勢や多くの人を巻き込んだプロジェクトマネジメント経験（巻き込み力をPR），実績として示せる数値もあれば書くと良いでしょう。

コミュニケーション能力

　これまで多種多様な業界や規模のクライアント企業において，スタッフから取締役といった立場の方まで，さまざまな職位の方々と関わってきました。そのなかで，こちらの依頼を快く受け入れてもらうためには，信頼関係を構築することが重要であり，そのためには当然ではありますが，相手の立場や状況をよく考慮した上でのコミュニケーションの取り方が重要であるということを意識して実践してきました。

3/4

87

タスク完遂能力

　監査業務においては監査意見表明をするまでのスケジュール過程において，やるべき
タスクが多数存在し，万が一にも期日に遅れてしまった場合には，社会に甚大な被害を
及ぼしてしまうおそれがあります。そのため，どんなにスケジュールがタイトでも期日ま
でに一定の品質以上の成果を生み出すために，ゴールから逆算して効果的かつ効率的な
方法を見出してタスクをやりきる力が身に付いています。

適応能力

　監査業務を通じて，多種多様な業界およびビジネスに関与する機会がありました。そ
のため，今までに関与していなかった業界やクライアントを担当する際には，早期に業界
やクライアントを取り巻く環境についての情報をキャッチアップする必要がありました。
また，監査手続自体につきましても，毎年異なる勘定科目を担当することになり，異なる
視点での業務を行うことにも柔軟に対応してきました。そのため，現時点では貴社での
業務に準ずる業務経験はありませんが，既にある知識や経験をベースに自己研鑽し早期
に柔軟に対応することが可能であると考えています。

以上

4/4

06 コンサルへ転職後，うまくいく人のポイント

潜在的ニーズを見出し，提案する

　コンサルは基本的にはルーティン業務はありません。もちろん一定のフレームワークはあったりするものの，それをどのように組み合わせて，どのタイミングで，誰に使っていくのかなどは，案件ごとに全く異なります。

　監査法人では同じクライアント先であれば，新しい会計論点や突発事項などを除けば，基本的には毎年同じような手続きをするので，それに慣れてしまっていると，コンサルの現場で全く通用せずに痛い目を見ます。

　また，コンサル業務は監査業務と異なって法定業務ではありません。監査業務は法律上で会社が監査を受けなければならないと定められており，また監査法人を交代するとなると手間が増えることからスイッチングコストが高いですが，コンサル業務は会社にとってはいつでも変えられる存在です。それゆえ，横柄な態度をとったりすれば一発アウトで契約を切られます。

　コンサルタントとして活躍していくためには，クライアントの顕在的なニーズを満たすだけでなく，**潜在的なニーズを掘り出して提案**をしていかなければなりません。**期待を超えるアウトプット**を継続して出し続けることが重要なポイントとなるでしょう。

インタビュー⑧ コンサルで プロCFO事業を立ち上げ

橋本　卓也
（株式会社エスネットワークス経営支援事業本部
本部推進室長）

2002年新日本監査法人（現 EY新日本有限責任監査法人）入所。2006年有限会社オープンクローズ入社。2007年株式会社エスネットワークスに入社。

——コンサルに行くまでの経緯は？

4年間監査法人に勤めた後，友人の依頼で服飾系のSNS企業の請求・入金・経費申請・支払，記帳，報告等のフローを構築し，管理部を手探りの中作り上げ，それをプロパーのメンバーに引き継いだのですが，その時に出会ったのが弊社でした。弊社はいろいろな会社へ常駐し，仕組を構築するのが特徴ですが，その点が自分でやっていたことの延長に感じられて入社しました。

——一番印象に残った仕事は？

我々の本部の主要な顧客の1つがバイアウトファンド業界のお客様です。バイアウトファンド業界のお客様の投資先の売上数百億円のメーカーの財務経理部長をやらせて頂いた際は日本と海外子会社のPMIから入るとともに，対象企業が営む4つの事業売却と本体のEXITまでをサポートしました。足掛け2年超の案件であり，話しきれないほどのドラマがあ

り，非常に印象に残りました。

——今後，何を目指していきますか？

弊社の企業理念は「経営者の支援と輩出を行い，日本国経済の発展に寄与する」なのですが，所属する本部としてはさらにそこを発展させ，プロCFO事業を作り上げる，ということを目指しています。弊社の中で育ったメンバーが力をつけ，そのメンバーがさまざまな会社のCFOとして活躍するだけでなく，弊社としても出資等をさせて頂き，会社としても個人としてもしかるべき報酬を頂く形です。エスネットワークス出身のメンバーがCFOとなっている会社は素晴らしい会社だといったイメージを持って貰えるところまでできる限り早く持っていきたいですし，自身としてもそのメンバーの1人でいたいと思っています。これを面白い，と思える仲間をできる限り集めたいと思っています。

90

インタビュー⑨ M&Aアドバイザーへ

長田 新太（グローウィン・パートナーズ株式会社FA第1部 部長）

2008年新日本監査法人（現 EY新日本有限責任監査法人）に入所。2014年フロンティア・マネジメント株式会社に入社。2016年グローウィン・パートナーズへ。

——コンサルに行くまでの経緯は？

大学4年まで就活もせず音楽活動漬けの日々でしたが，自らも士業であった父親の助言もあり手に職をつけるために会計専門職大学院の門をたたき，会計士を目指し始めました。いずれはM&Aアドバイザリーの道へ進みたいという思いがありましたが，まずは新日本監査法人へ入所しました。6年弱の間で当初考えていた監査＋αの一通りの経験を積みました。その後，初心に戻り「M&Aの道を極めたい」と2014年にM&Aアドバイザリーや戦略コンサルティングを手掛けるフロンティア・マネジメントへ転職しました。これが自分のキャリアの中で大きなターニングポイントでした。

——当初の夢を叶えたのですね。

その後，縁あって2016年にグローウィン・パートナーズへ参画することにしました。第二創業期という急成長に向けて舵を切った絶好のタイミングでした。自社の成長を経営に近い立場で経験できることが魅力的でした。

また，FA経験×監査法人経験を活かして，ディール全体の視点を持ちつつ，FA，DD，Valuation，PPA，PMIまで，ミドルキャップのM&Aをワンストップで提供できる人材になりたいという自分のプロフェッショナルとしての理想像と会社の方向性が合致していました。

——現在の仕事の魅力は？

案件のプロジェクト・マネジメントはもちろん，FA部門の中期事業計画の策定，人材採用等の部門運営を担っています。自分がしっかりと漕いだ分だけ船が進むのを味わう感覚と似ており，自分が頑張った分だけ会社が成長する感覚をダイレクトに体感できる点が魅力的です。

——コンサルを目指す方にメッセージを。

私の人生の目的は，常にワクワクすることをして過ごすことです。学生の頃のように音楽活動が中心の時もあれば，現在のようにM&A業務が中心の時もあります。そのためには，多様なオプションを保持していることが重要であると考えています。公認会計士を目指したきっかけもそうでしたが，戦略的にキャリアを築けば，手に職をつけ，人生の選択肢を広げていけると思います。

経営共創基盤（IGPI）で活躍

豊田　康一郎（株式会社経営共創基盤ディレクター）

2005年現 有限責任あずさ監査法人入所。2009年株式会社経営共創基盤
（IGPI）入社。2016年10月より同社ディレクターに就任。

——なぜIGPIに？

　中学生のときに，不動産鑑定士だった父が独立開業しました。父の背中を見ていたので，大学では土木工学を専攻していましたが，大学院在籍中に当時の会計士２次試験を受験し，運よく合格することができました。

　監査法人に入った時点で，５年以内に促成栽培で学べるものはすべて学び，経営領域のキャリアに進もうと決めていました。とにかく多くのクライアントで場数を踏ませてもらいました。転職では，著作をよく読んでいたCEOの冨山や面接官の方々が非常に魅力的だったことが決め手となりIGPIに入りました。

——どのような仕事をしていますか？

　IGPIの事業内容としては，顧客の事業面（戦略コンサルティング領域）と財務面（M&Aおよび財務アドバイザリー領域）に対して常駐型ハンズオン支援を行う一方で，自社の資金で投資活動（ファンド的領域）も行っています。大手企業から非上場の中小企業・ベンチャーまで，クライアントごとに最適なサポート体制

を見極めながら成長のお手伝いをすることが特徴です。

　現在の私の仕事では常に複数の案件が同時進行していて，「午前は再生フェーズにあるクライアントの経営会議に出席し，午後は投資先のベンチャーで新規市場開拓に関するディスカッションを行い，夜は社内ミーティングでIGPIがファイナンシャルアドバイザーを務めるM&Aのスキームの検討を行う」といった働き方が日常になっています。関与する仕事の幅は広く勉強すべきことが無限にありますが，私は元来飽きっぽい性格なこともあり，日々さまざまな挑戦があるこの仕事は結構性に合っていると感じます。

——コンサルを目指す方にメッセージを。

　一番大切なことは，知的好奇心を持ち続けること，知的な意味でのファイティングポーズを取り続けることだと思います。監査をやっている方であれば，上場しているエクセレントカンパニーの業務フローに触れることができることは大きな強みだと思います。たとえば上場会社

が他社を買収する際に，どう調査をして，計画を作って，意思決定して，買収後の運営をしているのかといった点は外からでは勉強ができない貴重な教材です。

同じく大手の会計事務所に所属している方であれば，グループ内で環境を変えることによって，財務DD，財務モデリング，株式価値評価，IPO業務など，外の業界に行っても普遍的に使うことのできるスキルをトップクラスの環境で学ぶ

ことも可能です。これらは転職の際の差別化要因としてうまく使えると思います。

最後に，"次のステージ"を模索している方については，とにかく関連業界で働いている先人の話を聞きに行くことが一番重要だと思います。あれこれ悩む前にまず行動してみることをおすすめします。

第6章

会計事務所・税理士法人への転職を成功させるには

01 会計事務所や税理士法人での 会計士の価値

AI技術の進歩で会計事務所や税理士法人はどうなる!?

　AI技術の進歩によって，主に経理代行や税務を行っている会計事務所や税理士法人の仕事がなくなるといわれています。それは本当でしょうか。

　税理士業界は平均年齢が約65歳と高いため，AI化に対応できず，その波に飲み込まれていく事務所もあると思います。ただ，AIをうまく活かすことができれば，恐れることはありません。工数削減によって単価が下がるかもしれませんが，それだけ量をさばけるようになります。

　また，クライアントとのコミュニケーションやコンサルティングは，AIにはなかなか難しいでしょう。申告書作成の責任を負うこともAIにはできません。

　そのうえ，前述のとおり業界全体の平均年齢が高く，新規受験生も減っているので，若いだけで差別化でき，希少価値があります。

02 独立開業を目指すか否か

これからの方向性と転職活動

　会計事務所や税理士法人への転職を考えている会計士は，大きく分けて3パターンいるでしょう。

- 独立開業のための修行をしたい
- ある分野において専門性を高めたい
- 定年まで勤め上げたい

　将来的に独立開業するための修行であれば，会計事務所や中堅以下の税理士法人に就職したほうが，役に立つ経験を積めるでしょう。

　ある分野において専門性を高めたい，たとえば移転価格税制に特化したキャリアを積みたいといった場合は，該当する部門がある，あるいはクライアントを持っている大手税理士法人がよいでしょう。

　定年まで勤め上げたいのであれば，先のことはわかりませんが，ある程度，給与や退職金，福利厚生などを把握してから転職したいものです。

インタビュー⑪ ベンチャー支援・起業

日野 陽一（Seven Rich会計事務所シニアアソシエイト）

青色申告社を経て，2015年公認会計士試験合格と同時に有限責任監査法人トーマツに入所。2018年Seven Rich会計事務所に。

——**会計事務所に行くまで**

会計士試験合格後は有限責任監査法人トーマツに入所しました。入所3年目に弊社代表の服部と出会い，自分の興味のある分野・クライアントへ多くの価値を提供できるプラットフォームがこれだけ揃っている事務所もないだろうと転職するに至りました。

——**今はどのような仕事を？**

仕事内容は，帳簿作成，決算書申告書の作成といった会計税務の業務だけでなく，グループ会社の法律事務所と一緒に契約書レビューといった法務や，給与計算・社会保険・労働保険といった労務，登記であったり，リソースやナレッジのないベンチャー企業のバックオフィス業務を一通り実施しています。ベンチャー企業の場合は資金繰りに窮することも多く，事業計画の策定や金融機関との交渉等の資金調達の支援も行っています。

上場準備のステージにいるクライアントもいるので，監査法人との間で論点に

なりそうなところは早めに伝えるようにしています。

——**今考えているビジョンは？**

当面の目標は，クライアントに価値を提供し続けることで，リファーラル（紹介・推薦）での新規クライアント獲得と同時に社員スキルのボトムアップ，そして弊社を一緒に作っていってくれる素敵な仲間を探すことです。この目標と同時進行で，自分の頭の中にある事業案をどこかのタイミングで具体化していきたいと思います。

——**転職を考える人へメッセージを。**

20代の頃は「ベンチャー支援をやりたい」と言っていました。今，そのステージにいますが，今度は「自分で事業をやってみたい」と思っています。気持ちは変わるものです。まずは，5年後，10年後に自分がどうなりたいかという視点から，自分の中でどんな人がイケてると感じるのかを思い浮かべるとよいと思います。

第7章

独立開業・起業を成功させるには

01 独立開業して何をするか

独立して何をする？

多くの会計士と面談をしてきて，必ず「なぜ会計士になろうとしたのか」を聞いています。すると，「手に職を持つことで組織に縛られることなく経済的に自立できるようになりたい」という回答が多いです。

しかし，独立開業について準備ができていない場合が多く，組織を大きくしていきたいのか，個人または小規模な組織でやっていきたいのかもあまり考えていなかったりします。

大多数として，まずは会計事務所として税務業務，会計コンサル業務，非常勤監査をメインに独立開業します。

税務業務

独立開業した会計士は日本税理士会連合会で税理士登録することで税務業務に携わることができます。しかし，競合も多く，会計クラウドサービスの進展もあって単価は下落傾向にあります。顧問契約を結ぶことになれば基本的には継続的な安定収入源の確保につながるでしょう。ただ，クライアントが会計クラウドサービスを利用している場合には，IDとパスワードさえわかれば業務を簡単に引き継げてしまうことからスイッチングコストはかなり下がっている（顧問契約を解除しやすい）ことは認識しておいたほうがよいでしょう。

会計コンサル業務

　決算早期化，連結業務支援，IPO支援，開示業務支援，内部統制構築支援，FAS（ファイナンシャル・アドバイザリー・サービス）などといった会計に関連する業務全般です。単価も税務業務に比べて高いですが，プロジェクトベースでの依頼内容がほとんどです。依頼された業務内容をこなす中で新しい需要を自ら掘り出して顧客に提案していき継続的な収入に変えていく必要があります。独立している会計士の中には，会計コンサル業務に特化して，税務業務を全くしないという方もいます。

非常勤監査（監査バイト）

　監査法人のクライアント先の年度監査および四半期レビューなどの監査業務をお手伝いする仕事です。仕事内容は監査法人に正社員として雇用されていたときと比べて大きな違いはありません。しかし，契約形態が業務委託契約になるので監査法人から依頼のあった期間のみ業務を行うことになります。

　報酬はお手伝いする監査法人やあなたの経験値次第ですが，だいたい日給40,000～80,000円（時給5,000～10,000円）程度になります。ただ，監査法人によっては四半期ごとで先にスケジュールを押さえられてしまうため，新規の会計コンサル業務との調整が難しいこともあります。また，3カ月以上のプロジェクトを受注できなくなってしまうおそれもあります。

　新型コロナウイルス感染症が拡大する以前はクライアント先に行って監査業務に従事することが通常でした。しかし，コロナ禍である2021年現在はクライアントによっては会社に行かずに，リモートワークで監査業務に従事する例も出てきているようです。そのため，監査現場に行かなくて済むようになったので，非常勤監査をこなしつつ新規の仕事を受注してこなすという強者も出てきています。

それぞれの業務のメリット・デメリット

	収入形態	メリット	デメリット
税務業務	継続収入	①組織拡大の計画が立てやすい（収入基盤が安定するため）②個人としての将来の収入不安から解放される	単価は安い（下落傾向は続いている）
会計コンサル業務	スポット収入	単価が高い	継続的な収入ではないので，組織としても個人としても将来の収益性に不安が残る
非常勤監査（監査バイト）	四半期ごと収入	個人の生活基盤のセーフティネットになる。	時間が拘束されてしまい，新規受注が阻害される

02 独立開業のタイミング

独立開業の時機

　「いつ独立したらよいでしょうか」と相談に来るような方は，まだ独立しないほうがよいでしょう。なぜならば，独立は，本来的には他人にいわれたタイミングでやるものではなくて，自分が絶対に独立したいと思ったタイミングでするのがよいからです。また，そのほうが自分自身としても後悔することはないでしょう。実際に，独立してうまく報酬と時間のバランスをとりながら仕事を楽しめている人は「独立したい！」と思ったときに独立しています。

　ただし，あえてアドバイスをするなら，独立するにあたっては**積んでおくべき経験**があります。また，**景気の動向**には留意しておいたほうがよいでしょう。

積んでおくべき経験

　独立開業にあたっては，監査法人での経験を4，5年以上（現場主任を1年以上経験するタイミング）積んでいるほうがよいでしょう。
　主な理由は2つあります。

不景気のほうが独立向き!?

　日本経済の影響を大きく受けてしまう会計士業界は，10年ほど経つと不景気が2年ほど訪れるという流れが繰り返されます。ここで気をつけていただきたいのは，好景気のときに独立開業する場合です。

　独立開業する場合，ほとんどの会計士は初めて経営に携わることになります。そして，その経営感覚（特にお金の使い方）は最初に独立したときの感覚がベースになってきます。

　好景気で売上が上げやすい状況下でお金をどんどん使うのがベースの感覚になってしまった場合に，いざ不景気になったときには売上は下がるものの使うお金をいきなり減らすことはなかなかできないからです。

　たとえば，不景気になって売上が下がったからといって，すぐに従業員をクビにすることはできないですし，オフィスも契約上すぐには縮小できません。

　このような理由もあって，私はあえて**独立は不景気のときにしたほうが**よいですよと相談者に伝えています。

インタビュー⑫ 税理士法人を経て開業

伊藤　章子（伊藤章子公認会計士事務所代表）

2004年大学院修了後，会計士試験に合格。新日本監査法人に入所。2014年クリフィックス税理士法人に転職。2015年ペットゴー株式会社社外監査役就任（社外取締役監査等委員として現任）。2017年個人事務所を開業。2019年ピクシーダストテクノロジーズ株式会社社外監査役就任，株式会社アイスタイル社外監査役就任。2020年株式会社コンヴァノ社外取締役就任。

──なぜ独立開業？

　監査法人10年目，よりクライアント目線で仕事をしたいという思いから中堅税理士法人に転職しました。税理士法人では，3年間，「クライアント・ファースト」という法人の理念に深く共感し，会計・税務コンサルとして，ただひたすらに，クライアントに喜んでもらえる仕事をすることに注力していました。

　徐々に私個人を指名して仕事を依頼してくれるクライアントが増え，自分を求めてくれるクライアントに対して，よりフットワーク軽く，自分が提供し得る最大限の業務を提供したいと思い，2017年10月に個人事務所を開業しました。今現在は，監査法人，税理士法人での経験を活かして，主に上場会社，IPO準備会社に対して，①会計，税務コンサルティング業務，②内部統制，内部監査の支援業務，③社外役員をしています。

──独立開業に必要なスキルは？

　会計士に求められる専門的知識はもち

ろんですが，「コミュニケーション能力」，「親しみやすさ」，そして，「タフさ」が必要と感じています。私自身，クライアントの方から，「良い意味で会計士っぽくない。」，「偉そうじゃないから親しみやすい。」，「何でも相談しやすい。」と言っていただくことが多く，そこが自分の強みだと思っています。自分と同じような，いや，それ以上の能力，キャリアを持つ会計士が沢山いる中，何かあったときに，まず私に相談したいと思ってくれる方を1人でも多く増やすことが，この仕事を続けていく上でとても重要です。心身の「タフさ」も強みになります。まさに，「元気があれば何でもできる！」。コンサルである以上，クライアントに暗い顔は見せたくないですし，私が訪問したら職場の雰囲気が明るくなる，また来てもらいたい，と思ってもらえる存在であり続けたいです。

──女性会計士が開業するメリットは？

　現状，公認会計士として働いている女

性は会計士全体の20％に満たない状況ですが，正義感，責任感の強い女性会計士は，監査法人以外でも引く手数多です。特に最近は，女性活躍推進や有価証券報告書への女性役員の人数，比率の記載の義務化等により，社外役員として会社に関与してほしいという依頼が多く，現在，4社の社外役員に就任しています。日本の女性役員比率は非常に低い状況ですが，従業員，顧客，株主等のステークホルダーには女性も多く，役員会においても女性の視点や感性を取り入れる必要があります。これから徐々に生え抜きの女性役員も増えていくでしょうが，その前段階として，女性会計士が社外の専門家として役員会で堂々と発言し，ジェンダーフリーな環境を整えていくことは社会的意義のある重要な業務と感じています。

──これから開業する方にメッセージを。

私が開業するにあたり恵まれていた点は，開業すると決めた時点で，私個人と契約したいと言ってくれたクライアントが複数社いたという点です。いずれも，開業前に，私が組織に所属する会計士，税理士として仕事をしてきた中で，組織の一員としての私ではなく，私個人を評価し，個人でも信頼できると判断して，選んでくれました。

開業後もサラリーマン時代に懇意にしていたクライアントの方が転職したり，起業した際に，仕事の依頼をいただくケースや会計士の先輩や友人から仕事を紹介してもらうケースが多く，新規の仕事を含めて，今までのつながりのおかげで仕事が回ってきていると感じています。

開業しようと思うなら，開業後のまだ見ぬクライアントに思いを馳せるのではなく，まず今，自分の身近にいるクライアントの方や仲間を大切にし，その方々に喜んでもらえる仕事をすることが1番だと思います。

インタビュー⑬ 現場が好きで独立

三木　孝則（株式会社ビズサプリ代表取締役社長）

1997年青山監査法人（現 あらた監査法人）入所，監査法人トーマツを経て2010年現職へ。

──独立した理由は？

　トーマツでの内部監査やコンサルティングの仕事は性にあっていたのですが，所属する部門が数百人規模に拡大する中で窮屈さを感じるようになり，シニアマネジャーになる頃から管理業務に忙殺されてきました。30代半ばに差しかかっていた私は，窮屈な思いをしてパートナーになることは自分に合わないと開き直り，2010年に独立を決意しました。

　当初は1人で業務をしていましたが，身軽な一方で大きな仕事や苦手分野の対応が難しいところもありました。今は6名の会計士でゆるいグループを組み，事務所を共有して，顧客のさまざまな経営課題に全方位で応える体制を取っています。

　具体的には，自分は株式会社ビズサプリという会社で内部監査や内部統制を中心としたアウトソーシングやコソーシングの仕事をしつつ，ビズサプリグループというゆるいつながりを作っています。それぞれ違う得意分野を持っていますので，取引先から不得意な分野での依頼があっても，グループの中で解決できるの

です。6名の仲は良く，かといって余計な干渉はしない絶妙な距離感だと思っています。

　また，個人事業で会計監査やIT監査をしています。これは安定収入でもあり，最新の知識のアップデートにもなっています。

──これから開業する方にメッセージを。

　会計処理に正解がないように，キャリアの選択も正解はありません。

　一般的には年齢が上がるほどキャリア選択の幅は狭まっていきますが，会計士は合格後もキャリア選択の幅が案外広く，軌道修正ができます。これはつぶしがきくので有難いのですが，脈絡のない転職を頻繁に繰り返しキャリアが迷走してしまう人もいます。

　是非とも，自分の性格やスタイルをつかんでキャリアを考えていただきたいと思います。場当たり的でも何とかなってしまうのは会計士の良いところですが，それでは，あとで苦い思いが残る気がします。

03 増えている起業会計士

会計士であることのメリット

　会計士は監査法人での業務を通じてさまざまなビジネスモデルを学ぶ機会に溢れています。自分でビジネスをやってみたいという思いを持つ人も多いです。起業するにあたって，会計士は有利な点があります。

　まず，肩書があるため初対面の人からの信頼を得やすいことです。自己紹介するときに公認会計士であることを告げると，社会的に認められた誠実な人であるとの印象を持たれます。

　また，金融機関からの資金調達がしやすいです。会計士であると，たとえ事業でうまくいかなかったとしても，会計士として業務をして返済できる可能性が高いことから融資が受けやすくなります。

　さらに，たとえ起業して失敗したとしても会計業務に戻れば生活していくだけのお金は得られるという安心感があります。会計士業界はとても狭い業界なので，あなたが誠実な人であるかぎり誰かが必ず手を差し伸べてくれて仕事を斡旋してくれるでしょう。

インタビュー⑭ 家事代行サービスCaSy起業

加茂　雄一（株式会社CaSy代表取締役社長）

大学4年時に会計士試験合格。2005年4月中央青山監査法人入所。太陽ASG監査法人を経て2014年株式会社CaSy設立。

——**グロービスの仲間と起業されたんですね。**

監査で現場に行くにつけ，会計士である私は会計のことしかわからない，マーケティング，戦略，人事の知識が足りないなと感じ，グロービス経営大学院に入学しました。そこで，今の創業メンバーと知り合いました。CaSyは家事代行の会社ですが，経験も職種も異なる男性3人で起業しています。

授業の一環でビジネスプランを100個ほど出したのですが，どうもピンとくるものはありませんでした。そこで，自分たちが何を1番大事にしたいのかということを3人で話し合いました。それぞれ違う仕事をしていながらも，みんな結婚したり子供が生まれたりしていて，最終的に本当は大切にしたいはずの家族との時間を確保できていないという課題が見えてきたのです。そこから家事代行サービスっていいよねという流れになりました。価値観の異なる我々ですが，非常に共感性の高い話し合いができたので，結論に全く違和感がありませんでした。

ジョインしてから3年ほどは，何をおいても調達がメインの仕事でした。資金調達もそうですし，一緒に働いてくれる仲間，人を集める採用も大きかったです。

今は，まずはCaSyのIPOを達成することと家事代行業界でNo.1にすることを目指して突っ走っています。

——**起業したい人へメッセージを。**

会計士の中には起業のマインドを持っている人は多いという印象があります。しかし，実行に移している人は少ないように思います。起業は当然リスクがありますから，現状からの変化を起こすことに躊躇する方も多いでしょう。それでも一歩踏み出して起業を考えるのであれば，とにかく色々な人と会いましょう。会計士とは別の業種，職種の人と接点を持つべきです。クライアントだけではなく，自らベンチャーのサミットなどに出向いて人と話していくと自分の学びにもなるし，そのネットワーク自体がやがて調達などの際に活きてきます。

インタビュー⑮ **xenodata lab.起業**

関 洋二郎（株式会社xenodata lab.代表取締役社長）

2007年公認会計士二次試験合格，あらた監査法人入所。2008年慶應義塾
大学商学部卒業。2012年株式会社ユーザベース入社，2016年xenodata
lab.起業。

——起業する経緯は？

大学在学中から監査法人で，公認会計士業務だけでなく，システム監査，データ監査業務など，IT統制にも従事していました。

2012年に株式会社ユーザベースに入社し，翌年，全社員投票により選出されるMVPを受賞しています。

2016年に，財務データなどの情報そのものを提供するだけではなく，財務データを含めたさまざまな経済データを解析し，その結果を提供するビジネスを始めるためxenodata lab.（ゼノデータ・ラボ）を創業しました。現在は三菱UFJ銀行などのメガバンク等の金融機関を中心とした投資家から累計10億を調達し，日々開発を行っています。

事業・プロダクトそのものに会計士知見が活きるというのはかなり稀なケースだとは思いますが，きちんと勉強したことを活かせているという意味では，受験勉強をやってよかったなと思うと同時に，何が将来活きるかは本当にわからないと思いました。

——今の目標は？

今まで社会に存在しなかったような革新的なプロダクトを独自のアイディアで連続的に生み出せるような会社にしていくことです。xenoBrainは，AIによってニュースから経済事象のつながりを読み取り，自動で将来の予測を出していきます。

現在は会社の優秀なメンバーとともに，それを1つひとつ実現しているプロセスに入っています。

——これから起業する人にメッセージを。

会計士の中では私のキャリアはマイノリティーなので，あまり参考にはならない前提でお話させていただきます。会計士試験の受験勉強は私にとっては辛い経験でした。そんな辛い経験を乗り切った会計士の方であれば，やりたいことを突き進められる熱量と知性があると思いますので，現状の環境にとらわれずに，勇気を持って直感に従いチャレンジすることが大事なのではないかと思います。

第**8**章

教えて！
会計士の転職Q&A【転職準備】

Q1 インチャージ（主任）を経験してから転職すべき？

A1

　将来的にどのようなキャリアを歩もうとされているか，そしてご質問いただいている方のご年齢にもよって回答は変わってきます。

　まず，将来的に監査業務を常勤または非常勤でやろうと考えているのであればインチャージ経験はしておいたほうがよいです。特に，独立を考えている方は，非常勤監査で最低限の収入は稼ぐという選択肢を持っておくためにも経験を積んでおいたほうがよいでしょう。

　また，会計コンサルおよびFASの業界へと転職される場合はインチャージ経験があったほうが重宝されます。ただし，会計コンサルおよびFASへの転職は，未経験者の場合は基本的には35歳位まで（最近は40歳位までも出てきています）です。自分の年齢を考慮して判断するほうがよいでしょう。

　悩ましいのが，事業会社への転職です。基本的には，事業会社ではインチャージ経験はほとんど活かされません。そのため，無理に時間をかけてまでインチャージ経験を積む必要はありません。しかし，事業会社の場合は，採用時にその人の能力だけでなく，組織の年齢バランスも鑑みて採用するところが多いです。

　1番ニーズが高いのが30歳前後になります。つまり，若くして（大体24歳以下）会計士試験に合格した方であればインチャージ経験まで積んだほうがよいですが，25歳以上で合格した方であれば無理にインチャージ経験を積まなくてもよいでしょう。

Q2 監査法人以外でワークライフバランスは保てる？

A2

ワークライフバランスを保った働き方ができる会社はたくさんあります。

ただし，年収を監査法人水準に維持したままでワークライフバランスを保ちたい場合においては，それを満たせる会社は多くはありません。

まずは，あなた自身で今までに培ってきた能力や経験を棚卸してみましょう。そして，採用企業の立場になって考えてみて，その棚卸した能力や経験が高く評価できるかどうか，希望どおりの待遇条件を出しても採用したいと思えるかどうかを考えます。

そうしてみて，あなたが「採用したい」と思えるのであれば，きっと採用企業もあなたのことを採用したいと思うはずです。

また，「独立する」という選択肢もあります。独立してすぐにワークライフバランスを保ちながらそれまでの年収を維持できる方はほとんどいませんが，しっかりと準備をしたうえで独立した方や，独立して何年かかけて安定的な収益基盤を確立したうえでワークライフバランスを保てるようになっている方はいらっしゃいます。

Q3 転職エージェントは使うべき？

A3

　転職にあたって求職者がとりえる手段には，求人企業に①**直接応募する**，②**紹介者を経由して応募する（リファーラル採用）**，③**転職エージェントを介して応募する**，があります。

　①と②では，求人企業側に転職エージェントへの人材紹介料が発生しないというメリットがあります。

　ただ，会計士側にとっては，待遇面の交渉を自らやらなければならないというデメリットがあります。自分の年収交渉などはなかなか難しいので，転職エージェントに入ってもらうほうが希望を通しやすいです。

　①については，ネット上程度の情報しか拾えず，会社の状況を知るのが困難です。

　②は，紹介者がすでに求人企業に入社しているため，社内の事情を把握したうえで応募できはするのですが，いざ内定獲得後「やっぱり内定を辞退したい」と思ったときに，紹介者のメンツを考えると難しいという事態が生じます。

　そういった意味では，③の転職エージェントを使うほうがフラットに活動できるでしょう。

　ただし，転職エージェントを選ぶ際は注意したいことがあります。

- ノルマの厳しい転職エージェントがあること
- 転職エージェントはそもそも会計士を知らないこと

　アクセス数を沢山稼いでいる大手の転職エージェントには，ノルマの厳しいところがあります。会計士が転職を決めると，それなりの人材紹介料がとれる

ので，本人の意向に沿わない転職を強くすすめられる場合もあるようです。

　また，私のような自身が会計士というレアケースを除き，転職エージェント
は基本的に会計士を詳しく知りません。求職者が適材適所で活躍できるフィー
ルド（業界や職種など）を見極めるのは難しいでしょう。会計士をたくさん斡
旋しているようなエージェントだからといって懐疑心を持たずに鵜呑みにして
しまうと，ミスリードされてしまうおそれがあるので注意が必要です。

　転職エージェントを探す際には，①ネット検索，②利用者からの紹介などが
ありますが，ネット検索は他人に秘密で容易に探せる反面，どうしてもアクセ
ス数や広告に注力しているエージェントにたどり着きがちです。
　お話を聞くと，親身になってくれず，調子のいい感じで会計士であるあなた
をおだててくるパターン，会計士だからって調子に乗るなよと上から目線でマ
ウントをとってくるパターンもあるようです。もちろん，大手転職エージェン
トがダメとかそういうわけではなく，人材紹介業は属人的なビジネスなので，
エージェントの当たり外れが激しいということなのです。

　そういう面で利用者からの紹介は安心です。友人が「利用してみてよかった」
と感じた転職エージェントを紹介してもらうと，ハズレを引く可能性を下げら
れます。

A4

　履歴書は，転職活動時において職務経歴書とともに重要です。些細なミスが命取りになる場合もあります。誤字・脱字は絶対NGなのはもちろんですが，英数字（半角／全角），数字（アラビア数字／漢数字），カッコや箇条書きのマーク（【】，()，・，◆など）の使い方を統一すると体裁がよくなります。

　また，ExcelまたはWordで作成してよいでしょう。履歴書は手書きで書いたほうがよいという方もごくまれにいますが，パソコンで作成することを私はおすすめします。求職者としても，応募企業ごとに履歴書を手書きしていたら，時間がもったいないです。手書きに時間をかけるくらいなら，応募企業に自分をよりよく理解してもらうための文章表現を考えたほうが，はるかに効果的です。

　以下に留意点をまとめましたので参考にしてもらえたらと思います。

- 西暦でも和暦でもよい
- 写真は元気よく軽く微笑む感じがよい。疲れている印象を与えないように注意
- 年齢は作成日時点のものにする（作成日を変更した時点で年齢が変わったら年齢も変更する）
- 現住所や連絡先（現住所以外に連絡を希望する場合）は，都道府県から書く
- 電話番号は，固定電話がない場合は空欄でよい
- 携帯番号は，緊急時に必要となるので必ず書く

- 学歴は，高校（または高専）から時系列で書く
- 入学と卒業を書く（退学した際は「退学」と書く）
- 職歴も，時系列で書く
- 略字（㈱，㈲など）はNG
- 最後に「現在に至る」と書く
- 賞罰がない場合は「無し」と書く
- 末尾は右下に「以上」と書くことを忘れないこと
- 会計士試験の合格年月と修了考査の合格年月は分けて書く
- 通勤時間は基本的に空欄でOK（可能なら，現住所から応募企業の勤務先までの通勤時間を書く）
- 扶養家族数は，配偶者（夫または妻）を除いた人数
- 配偶者は「有」または「無」と書く
- 特技・趣味・得意科目などは，プライベートな内容でよい（面接での話のネタにもなる）
- 志望動機は原則として書くほうがよいが，空欄でも問題ない
- 本人希望記入欄は，特にないなら「貴社規定に従います。」でよい

Q5　志望動機をどう書く？

A5

　履歴書を書くとき，難しいのが志望動機です。しかし，会計士の転職にあたっては，志望動機が合否を分けることはあまりないと考えてよいでしょう。

　なぜなら，採用企業側も自社でしか経験できないようなことはほとんどないことはわかっていますし，社風においても面接前から求職者がほとんどわからないことは百も承知だからです。そのため，どこの採用企業にも当てはまって

しまうような汎用的な志望動機を書いても大丈夫でしょう。

Q6　希望年収は書くべき？

A6

　ほとんどの求職者にとって，できれば転職して年収が上がったらよいなと考えるのが正直なところだと思います。しかし，希望年収が高すぎると採用ハードルが高まってしまって面接通過はおろか書類通過さえも厳しくなってしまいます。

　希望年収が現在年収から約10％の範囲に収まるくらいであれば，あえて空欄のままで何も触れずに提出するのがよいとアドバイスしています。なぜなら，一般的に現在年収と同水準を提示することが多いのと，企業のなかでは役職ごとにおおよその目安となる年収がありますが，希望した年収が高すぎるとそれだけで書類通過が難しくなってしまうからです。

　最初に高い希望年収を掲げてしまうと，そもそも自分自身の人材としての価値を知ってもらう機会を逸してしまうことになりかねません。

Q7　職務経歴書の作成ポイントは？

A7

　職務経歴書はたくさん書けばよいというものではありません。採用担当者にとっては，長いものほど読むのは疲れます。かといって，短すぎると結局どの

ような人なのかが想像できず書類通過させてよいか判断に困ります。以下を目安にするとよいでしょう。

- 勤務経験が監査法人のみで10年未満の場合➡2，3ページ
- 監査法人のみで10年以上の勤務経験がある，または監査法人から転職してさらに経歴を重ねている場合➡3，4ページ

　採用企業が知りたいことを入れ込むことを心がけましょう。IFRS適用会社ではない会社に応募しているにもかかわらず，IFRS導入支援の経験があることを長々と書いても無駄です。上場している大企業にIPO支援の経験を熱心に書いても空振りに終わってしまうことが多いでしょう。もしそれらについて書くのであれば，それらの経験の中で培ったプロジェクトマネジメント能力やタスク管理能力などに焦点を当てて書いたほうが効果的でしょう。自分がPRしたいことを書くのではなく，採用企業が知りたいことを書くのがポイントです。

Q8 応募先ごとに職務経歴書は書き分ける？

A8

　職務経歴書は自分がPRしたいことではなくて，採用企業が知りたいことを書く必要があります。それゆえ，書き分けるのがベストです。特に，事業会社とそれ以外の会社（コンサル会社や税理士法人，監査法人など）では見るポイントが異なりますので，せめて，事業会社とそれ以外の会社では書き分けたほうがよいでしょう。

Q9 「とりあえず試しに応募」はOK？

A9

　利用する転職エージェントによっては，「まずは試しにとりあえず応募してみましょう」と言われることがあります。これには従わないほうがよいでしょう。

　そもそも自己分析をやっていない状況であなたが面接を通過できるほど採用企業は甘くありません。万が一内定を獲得しても，自分について見つめ直す機会がなく転職を決めるのは失敗のもとです。「もっといろいろ見てからにしたい」と**内定を辞退した後で**，「**最初の会社が自分に1番合っていた**」と思っても，**後の祭り**になってしまいます。

　転職エージェントは，紹介する採用企業のなかで実際に働いているわけではありません。そのため，詳しく知りたい場合には**採用企業によるカジュアル面談を受けるのがベスト**です。カジュアル面談は転職エージェントに依頼すればセッティングしてもらえます。

　転職エージェントを介さずに直接採用企業の担当者から話を聞けるので熱量が100%伝わってきますし，その場でさまざまな質問に回答してもらえます。

　ただ，カジュアル面談は面接ではありませんが，利用する際には最低限の事前準備はしていきましょう。

第9章

教えて！
会計士の転職Q&A【面接〜退職】

Q1 面接には何を着ていく？

A1

面接で採用担当者に与えた心証が，内定獲得の可能性に影響することはいうまでもありません。

基本的に面接にはスーツで挑みましょう。ビジネスカジュアルの会社も多くなってきて相手方がラフな格好をしている場合もありますが，面接を受ける側が合わせる必要はありません。

夏の暑い時期でも，先方から特に言われない限りは，スーツで面接を受けるべきでしょう。

また，新型コロナウイルス感染症の影響もあって，オンライン面接を採用している会社が増えています。オンライン面接だとしても正式な場ですのでスーツの着用をお勧めします。

最後に，エージェントとしても面と向かって本人にはいいづらいのですが（誰でも指摘しづらいので），下記は最低限チェックをしておいてほしいところです…。

- ムダ毛が見えていませんか（特に，髭，鼻毛，胸毛）
- 靴は汚れていませんか
- シャツは汚れていませんか（襟や袖口が汚れていないか，要チェックです）
- 香水をつけすぎていませんか
- 爪は伸びていませんか

Q2　面接での受け答えのポイントは？

A2

　基本的には13頁以降で紹介したキャリアコンサルシートに沿って，簡潔明瞭に回答すれば大丈夫です。

　注意したいのは，監査法人経験のある会計士はクライアントとのやり取りのなかで自分が意図していないところで認識違いが生じて後々になって炎上する，というのを防ぐために，より詳細に話す傾向があるということです。セミナーなどでも監査法人出身の会計士は丁寧に事細かに話す印象があります。

　ただ，面接の場においては，回答が長いと面接官が聞いていて疲れてしまいます。そのうえ，話しているうちに質問内容を忘れてしまったり，脱線してしまえば「あまりできない人」，「ロジカルに話せない人」と思われてしまいます。

　まずは必ず結論から話すことで，面接官を引き付けられます。また，脱線する可能性も防げます。

　定番ですが，回答の理由づけを３つにする，などはよいテクニックです。

　「回答は〇〇〇です。理由は３つあります。１つ目は〜です。２つ目は〜です。３つ目は〜です。以上の理由から，〇〇〇です。」

　単純なのですが，これを徹底して使えるようになれば，ロジカルに話す人という印象を与えられます。

Q3 面接で緊張してしまうのですが…

A3

　転職活動では採用企業が面接を通じてあなたを採用するかどうかを決めますが，あなた自身にも会社を選ぶ権利があります。必要以上に採用企業にへりくだる必要はありません。誠実でない対応をする採用企業であれば，あなたのほうから断っても全然かまわないのです。

　過度の緊張をしてしまい面接でどのような回答をしたかまったく覚えていない，発言内容がおかしくなってしまうというようなことにならないためにもリラックスして面接に臨みましょう。

　リラックスして面接に臨むためには事前準備が重要です。本書でお伝えしたキャリアコンサルシートでしっかりと自分自身について語れるように準備しておけば大丈夫です。それでも，もし不安なようであれば，転職エージェントに模擬面接を依頼しましょう。きっと喜んで対応してくれます。

　ただし，それでも本番で緊張してしまって頭が真っ白になってしまうこともあるかもしれません。その場合には，緊張しすぎてしまって頭が真っ白になってしまったことを面接官に正直に伝えましょう。そのうえでもう一度質問を聞き直したり，回答し直したりさせてもらえば問題はありません。

　1番やってはいけないのが，無理に緊張を隠して，忘れてしまった質問内容を推察しながら結果的に質問とズレた回答をしてしまうことです。ズレた回答をしてしまうと，コミュニケーション能力が低いと判断されて，残念な結果を招いてしまうことになります。

Q4 「なにか質問はありますか」に どう回答すべき？

A4

　面接の最後，通常は「なにか質問はありますか」と聞かれます。その会社に入社したいと思っているのであれば必ず質問すべきでしょう。質問内容が面接官に好印象を与える最後の一押しとなりますし，合否に大きく影響します。

　もちろん，ここで聞いてはいけないことがあります。抽象的にいうと，「御社から○○を与えてもらえますか？」といった内容の質問です。受け身スタンスの会計士を中途採用したい会社はないからです。具体的に挙げると以下のようになります。

- 残業時間はどれくらいですか
- 残業代は出ますか
- 退職金制度はどうなっていますか
- 有給休暇の消化率はどれくらいですか　など

　これらは転職エージェントなどに確認をするようにし，自分からは質問しないようにしましょう。

　また，会社のホームページに回答がある質問，すでに面接中のやり取りで回答してもらった質問，有価証券報告書や決算説明資料を読めばわかる質問，会社の主な事業でない些末な事業についての詳細な質問なども避けましょう。

　では，逆にどのような質問をすれば面接官に好印象を与えられるでしょうか。仕事への積極的かつ能動的な姿勢が見えることと，絶対的な答えがなく面接官

が自由に回答しやすい質問，困らない質問であることがポイントです。具体的に挙げると以下のようになります。

- ●経理業務だけでなく，人事や法務といった他の管理部門業務にも携われる機会はあるのでしょうか。
- ●○○さん（面接官の名前）は，この会社のどこに一番の魅力を感じておられますか。

Q5　面接のフィードバックはしたほうがよい？

A5

　面接が終わったら，採用企業に面接のお礼と感想を伝えるべきです。面接直後はとても疲れていると思いますが，早めのフィードバックがあなたに幸運をもたらしてくれることは意外と多いです。すぐにでもできることなのでぜひ実践してみてください。

Q6　内定受諾の回答期限は延ばせるの？

A6

　不思議なもので，1社内定を獲得すると立て続けに内定を獲得できるようになります。転職は今後の人生を左右する大きな決断です。そこで問題となるのが内定受諾の回答期限です。一般的には，採用企業は内定を出してから1週間

〜10日間以内に内定受諾の可否の回答を求めてきます。

　できるだけ面接日程の調整をして内定が出るタイミングを同じ時期にすることができればよいですが，先方の事情もあるのでそううまくはいきません。

　私のエージェントとしての交渉経験からすると，回答期限は状況によっては1カ月でも1年でも延長可能です。採用企業の社内における人材の逼迫状況と採用企業があなたをどれだけ高く評価しているかの2要素によって決まります。

　もし回答期限の延長をお願いして内定を断られるようであれば，それはそもそもご縁のなかった会社なのだと考えてよいでしょう。

Q7　内定をもらっても辞退できる？

A7

　内定をもらっても辞退することは全く問題ありません。採用企業が内定を出したいと思うような人には他の複数の採用企業からも内定が出ることはよくあることです。ただし，辞退する場合はなるべく早めに伝えてあげたほうがよいでしょう。

　なぜならば，採用企業は一度内定を出すと，他の候補者との面接を止めたり，選考スピードを遅らせたりしますので，いざ内定を辞退されると機会損失が生じる可能性があるからです。

Q8　年収交渉はいつする？

A8

　内定受諾の回答期限交渉と並んで聞かれるのが年収交渉です。求職者からすると より高くしたい一方で，採用企業はできれば割安にしたいわけです。

　より好条件・高年収で転職するためには，交渉カードを持つことが必要です。つまり，他の採用企業からも内定を獲得していることをちらつかせます。どうしても入社してほしいと採用企業が考えた場合は，他の内定企業よりも好条件を提示してくれるでしょう。採用の最終決定者である経営者の力が強いほどこのカードは効きます。

　中途入社（経験者採用）の採用活動は，お金も時間もかかります。少しくらい予算オーバーとなっても「ここで決めておこう」と採用することは経営判断としてよくあります。

　ただ，その会社での同地位・同年齢の平均よりも高い報酬をもらう場合，周りからの期待は相当高いものになりますし，また既存の社員からは嫉妬されてしまって，あなたのいうことを聞いてくれず，仕事をうまく一緒にできないといった弊害が生じることもあります。

　入社時の年収は控えめに，成果を残して周りから認めてもらったうえで報酬をしっかりと上げていくというのも一策です。

Q9 ベストな退職タイミングは？

A9

　たくさんの仕事を抱えながらだと，なかなかまとまった時間を取ることができず，納得のいく履歴書や職務経歴書を作成できなかったり，面接時間の確保が難しかったりします。しかし，よほど我慢ならないような場合でなければ，内定獲得ができて次の職場を確定できるまでは退職意思表明はしないようにしましょう。

　就業空白期間が3カ月を超えてくると，内定が格段に取りにくくなります。採用企業はこの就業空白期間について必ず聞いてきます。就業空白期間には，ポジティブな理由があまりないからです。
　制度上は，一定の条件を満たせば失業手当がもらえますが，少々無理をしてでも現職にとどまったまま転職活動をするほうが，冷静に活動でき，満足のいく結果が出ることが多いです。

　ちなみに，内定が出て転職が決まったら，立つ鳥跡を濁さずを意識しましょう。引継ぎは後の人の迷惑にならないようにします。想像以上に会計士業界は狭い世界だからです。退職するまで常に誰かに見られているということを忘れてはいけません。

🔲コラム 会計士が求められる領域は常に広がっている

　直近10年間で会計士を取り巻く環境は大きく変わってきました。

　監査法人から事業会社へと転職する人が増え，事業会社が会計士を採用するということが当たり前のようになり，そこで活躍している事例もたくさん見られるようになってきました。なかでもCFOとして活躍して何億円ものキャピタルゲインを得るといった成功事例も増えました。いまではCFOに会計士を採用するというのが選択肢の１つとして挙げられるまでになったと思います。

　また，常勤監査役として子育て中の女性会計士に就任してもらうケースも，対外的にも信頼性がありガバナンス強化にも資する会計士を採用したいという企業の思惑と，子育て中のために時間の融通が利きやすい働き方を模索する女性会計士の思惑が見事にマッチすることから増えてきました。

　さらに，近年ではコーポレートガバナンスの強化という世間のニーズから，社外役員として会計士を積極的に採用しようとする機運も高まってきています。現在のところは，社外役員経験のある一部の会計士に就任依頼が偏る傾向にあります。しかし，１人の会計士が社外役員として有効に機能するためには就任できる社数には限度がありますし，一方で，不足している社外役員の数は1,000人にも上るともいわれていますので，未経験の方にも社外役員に就任するチャンスは十分にあり得ます。

　それ以外にも，IPO準備企業に対する上場支援やM&Aアドバイザリーなどさまざまな分野で，これまで以上に会計士が求められる状況になってきています。

　せっかく会計士になったのですから，もっといろいろな活躍の場にも目を向けてもらえたら嬉しいです。

おわりに

　これまで多くの会計士の転職や独立という人生の岐路といっても過言ではない決断の場に立ち会ってきました。いま振り返ってみると，キャリア形成とは究極的には「自分の人生をどう生きていきたいか」を考えることだと感じています。そのため，将来キャリアを一度考えたら終わりではなくて，継続して考えていくべきものなのだと思っています。

　また，総じて上手くいく人といかない人の違いとして次のようなことがわかってきました。いずれも当然の内容ではありますが，あらためてご自身はどうかをこの機会に振り返ってみてもらえたらと思います。

＜上手くいく人＞
- 利他主義
- 長期的な視点を持って行動
- 適切にリスクテイクする姿勢
- 環境変化に柔軟に対応できる
- 人脈形成を大事にして広いネットワークを持っている

＜上手くいかない人＞
- 利己主義
- 短期的な視点で行動
- 過度に保守的な姿勢
- 環境変化を嫌い従前のやり方に固執する
- 自分と気が合う仲間とだけしか繋がりを持たない

　特に，リスクテイクと人脈形成については多くの会計士がその重要性に

気づいていません。

　転職も独立も考えず，現状維持さえしていればノーリスクであると勘違いしている方も少なからずいます。キャリアについて何も考えないこと自体が最大のリスクです。そして，リターンがほしければちゃんとそれに見合ったリスクを取っていかなければなりません。そのリスクを取るという一歩踏み込む勇気を持てるかどうかで，その後の人生は大きく変わっていくでしょう。

　また，年齢を重ねていよいよ現職を退職するタイミングになって人脈形成の大事さに気がついて動いている人もいますが，時すでに遅しです。退職後の仕事ほしさに急に仲良くしようと近づいてくる人とは誰も仲良くなってくれません。

　本書の執筆にあたっては，会計士の転職や独立といったキャリア形成をテーマに書いてみないかとお声がけくださった中央経済社の山崎幸乃さん，はじめての書籍執筆で慣れていない私を我慢強くサポートしてくださった担当者の高橋真美子さん，そして，私の執筆を陰ながら支えてくれた家族には感謝してもしきれません。また，何よりもこのような執筆の機会をいただけたのは『会計士の履歴書』への掲載にご協力いただいた会計士のみなさん一人ひとりのおかげだと思っています。心より御礼申し上げます。

　最後に，本書を読んでくださった大切なあなたへ。

　本書ではこれまでに私が得てきた知見を網羅的に書かせてもらいました。ただし，ここで書かれている内容は私の価値判断軸に基づいています。そのため，すべてがあなたにそのまま当てはまるとは限りません。あなたの価値判断軸に基づいて，情報を取捨選択しながら参考にしていってもらえたらと思います。

　キャリア形成においては，すべての人にとってベストプラクティスとなるような絶対的な答えはありません。もっと言うと，あなた自身が置かれ

ている環境が変化すれば，ベストプラクティスも変わってきます。また，最初に将来キャリアを考えた際に掲げた目標も，環境の変化に伴って価値判断軸やお金・時間・やりがいの優先順位などが変われば，柔軟に変えていけばよいと思います。

とはいえ，実際にあなたの持つ経験や能力および置かれた環境などから選択できるものには何があるのか，また，参考にできそうな他の会計士の情報はどうやったら得られるのかと思われるかもしれません。そんなときには，ぜひ『会計士の履歴書』をご覧ください。そして，さらに詳細に知りたくなった方はお気軽にご連絡いただけたらと思います。

会計士業界は，決してコミュニケーション能力が高い人が多い業界でも，政治力が強い人が多い業界でもありません。しかし，どこの業界よりも誠実で真面目で他者のために何かをしてあげたいと考えている人が多い業界だと思います。同じ会計士として，もし相談したいことがあれば勇気を出して話しかけてみましょう。あなたが誠実な態度でのぞめばきっと親身になって応えてくれるはずです。

書かせていただいた内容が，読者であるあなたの人生に少しでもお役に立てたのであれば筆者としてこれ以上の喜びはありません。

桑本 慎一郎

※本書にご登場いただいた方々の詳しいインタビュー内容は以下のQRコードから見ることができます。

インタビュー①
IPOを成功させヘッドハントされCFOに（土谷 祐三郎）

インタビュー②
CFOを2社，計20年以上経験へ（澤田 正憲）

インタビュー③
IPOコンサルからCFOへ（渡邉　淳）

インタビュー④
ブリヂストンの企業内会計士に（横井　智哉）

インタビュー⑤
「中の人」は面白い（大野　聡子）

インタビュー⑥
仮想通貨のコインチェックへ（竹ケ原　圭吾）

インタビュー⑦
IPO準備企業へ（佐藤　建史）

インタビュー⑧
コンサルでプロCFO事業を立ち上げ（橋本　卓也）

インタビュー⑨
M＆Aアドバイザーへ（長田　新太）

インタビュー⑩
経営共創基盤（IGPI）で活躍（豊田　康一郎）

インタビュー⑪
ベンチャー支援・起業（日野　陽一）

インタビュー⑫
税理士法人を経て開業（伊藤　章子）

インタビュー⑬
現場が好きで独立（三木　孝則）

インタビュー⑭
家事代行サービスCaSy起業（加茂　雄一）

インタビュー⑮
xenodata lab.起業（関　洋二郎）

【著者紹介】

桑本　慎一郎 （くわもと　しんいちろう）

株式会社PCP（ピー・シー・ピー）代表取締役
1981年生まれ。同志社大学商学部卒業。公認会計士。
監査法人トーマツ（現 有限責任監査法人トーマツ）において，
上場企業や公益法人等の監査や金融機関の自己査定関連業務
に携わる。
監査法人から事業会社への転職活動中，会計士の転職に関す
る情報がほとんどないために，将来キャリアをイメージしづ
らいという問題があることを認識する。この問題を解決し，
会計士が適材適所で活躍するためのインフラを構築して社会
貢献することを理念に掲げて，会計士専門の転職エージェン
トであるPCPを創業。会計士の口コミで認知を広げ，これま
でに1,000人以上の会計士を支援する。

また，2018年には「会計士の履歴書」というさまざまな会計士のキャリアが描かれたメディア
サイトをリリース。現在は「垣根を越えて繋がれる会計士のサードプレイス」という位置づけ
で，キャリア情報以外にも役立つ情報を提供している。
社外活動としては，日本公認会計士協会東京会のさまざまなプロジェクトチームで委員を務め
る。

PCPサイト	会計士の履歴書	会計士白書	性格診断ツール

会計士が転職を考えたら読む本

2021年7月15日　第1版第1刷発行

著　者　桑　本　慎一郎
発行者　山　本　　　継
発行所　㈱中　央　経　済　社
発売元　㈱中央経済グループ
　　　　パ ブ リ ッ シ ン グ

〒101-0051　東京都千代田区神田神保町 1-31-2
電話　03 (3293) 3371(編集代表)
　　　03 (3293) 3381(営業代表)
https://www.chuokeizai.co.jp
印刷／㈱堀 内 印 刷 所
製本／有井 上 製 本 所

© 2021
Printed in Japan